無一우학

# 설법대전

(1)

# 無一우학
# 說法大典
## (1)

도서출판 좋은인연 | 우리절 **한국불교대학 大관음사** **유튜브불교대학** 자매채널 비유디

# 설법대전을 내면서

나무 불법승(佛法僧)

먼저, 이 책을 인연하시는 모든 분들의 행복을 기도 축원드립니다.

저는 요즘 무문관 정진 중입니다만, 일주일에 한 번씩 유튜브를 통해 생활법문을 녹화하고 있습니다. 전대미문의 코로나 팬데믹(pandemic)으로 불교대학의 정규 강의와 정기 법회가 중단된 상태에서 궁여지책으로 생각한 것이 유튜브불교대학 운영이었습니다. 다행히 부처님 가피로, 애초 5천 명의 구독자로 출발하였으나, 만 2년이 되지 않아서 10만 명의 구독자를 확보함으로써 유튜브를 통해서나마 국내외 불자(佛子)님들과 소통할 수 있게 되었습니다.

저는 1992년 전세 포교당에서 한국불교대학 大관음사를 열면서 창건 이념과 3대 지표를 세웠습니다. 그 창건 이념은 "바른 깨달음의 성취와 온 세상의 정토 구현"입니다. 그리고 사찰의 3대 지표는 "근본 불교, 세계 불교, 첨단 불교" 입니다. 그런데 이 창건 이념과 3대 지표가 유튜브라는 매체를 통하여 구현할 수 있게 되었으니, 코로나로 인해 대면 포교가 어려워진 상황 속에서도 크게 다행스러운 일이 아닌가 생각합니다. 참으로 전화위복입니다.

제가 본격적으로 '유튜브 생활법문'을 준비하고 점검하면서 크게 놀란 것은 시청자 연령대의 70%가 50세 이상이라는 사실입니다. 그래서 젊은 불자를 염두에 두고 전법(轉法)의 빛깔과 방향에서 고민을 하기도 하였습니다. 이 책을 인연하시는 분들께서는 그러한 점들을 유심히 살펴주시길 바랍니다.

지금은 바야흐로 유튜브라는 매체를 무시하고는 불교 포교가 어려운 시절에 살고 있습니다. 유튜브불교대학 생활법문을 하면서 저는 '법문의 현대화'를 잊지 않고 있습니다.

좋은 법문은 진리적인 것을 설하여, 이를 체험케 하는 것입니다. 그 진리적이라는 것이 현실적이라야 합니다. 그렇지 않으면 허공에 구름 잡는 얘기가 되고 맙니다. 더 나아가 현실적인 것은 생활적이 되어야 합니다. 그래서 제 법문의 특징은 생활 속에서 응용되고, 생활 속에서 행복을 찾도록 가르칩니다. 어쨌든, 제 법문의 의도가 어느 정도는 시청자들에게 먹히는 것 같아 다행스럽게 생각합니다.

독자 여러분, 그리고 유튜브불교대학 시청자 여러분! 우리 불교 인구가 많이 줄고 있습니다. 불교 포교의 큰 대안 중 하나가 유튜브를 통한 포교입니다. 제가 늘 말씀드리듯이 100만 구독자가 생기면, 미국 뉴욕의 맨해튼에 한국인이 세우는 최초의 '한국명상센터'가 들어설 것이라고 확신합니다. 이 책이 그런 면에서 크게 도움이 되기를 바라 마지않습니다.

이 유튜브를 통한 생활법문은 제 수행의 일부라고 생각하고 언제까지라도 해 나갈 것입니다. 그리하여 그때그때 정리한 원고를 모아 '無一우학 설법대전' 시리즈로 출간하겠습니다. 우리 독자 및 시청자들께서는 시리즈 전권을 소장하는 재미를 붙여 보시길 바랍니다. 아마 수년 내에 200, 300권이 될 것입니다.

불교를 진정으로 아껴 주시는 불자 여러분!

'無一우학 설법대전' 이 불교 가정 가정마다 놓여질 수 있도록 관심 부탁드립니다. 주위에 많이 알려 주시고 법보시(法布施) 해 주시면 감사하겠습니다.

다른 기회에 또 뵙도록 하겠습니다.

관세음보살

무일선원 무문관에서

無一 우학 합장

## 설법대전(1) 목차

無一우학
說法大典

# 1
# 이겨냅시다!

2020. 02. 26. 세계명상센터 보은전

관세음보살.

시청자 여러분, 불자 여러분, 그리고 한국불교대학 大관음사 신도 여러분, 반갑습니다.

다 아시다시피 현재 우리 대한민국은 큰 국가적 재난에 직면해 있습니다. 예로부터 세 가지 큰 재앙이라 하여 '삼재(三災)' 라고 일컬어 왔는데, 그 삼재가 현재 우리에게 닥쳤습니다.

삼재(三災)라고 하면 전쟁과 기근과 역병을 말합니다. 그런데 '코로나19' 라는 이 역병이 창궐하여 우리 국민 전체가 힘든 상황입니다.

한국불교대학 大관음사는 지난주 신천지교회의 교인인 31번 확진자가 나타난 이후 곧바로 모든 강의와 법회를 중단하였습니다. 단 일주일밖에 지나지 않았음에도 불구하고, 당시 30여 명에 불과했던 확진자 숫자가 26일, 오늘 날짜로 그 수가 천 명이 넘어가고 있는 참으로 어처구니없는 이런 일이 발생하였습니다.

왜 이런 일이 일어났는가를 곰곰이 생각해 보니, 저는 '우리들의 태무심, 우리들의 자만심이 그 원인이 아닌가?  생각합니다. 중국의 우한에서 코로나로 큰 소동이 일어날 때, 우리 스스로 너무 안이한 생각을 하지 않았나 싶고요. 또 일본의 크루즈선에서 확진자가 수백 명 대거 속출할 때, 우리는 조심하지 않고 오히려 자만하지 않았는가 반성을 해 봅니다.

아무튼 현재 우리의 국격은 곤두박질쳤고, 국민의 자존감은 너무 큰 상처를 입고 있습니다. 이럴 때일수록 우리는 더욱 깨어있어야 합니다. 모두 다 따라 하십시오.

"항시수원각(恒時須圓覺), 항상 두렷이 깨어 있어야 한다."

또 따라 하십시오.

"보임대시(保任待時), 보임하면서 때를 기다리자."

보임(保任)이라 하는 것은 수행이 어느 정도 끝난 뒤 그 수행을 정리하는 것을 뜻합니다. 다르게 말하면 자기 자신을 잘 지키는 것을 보임이라 생각하면 됩니다. 따라서 보임대시, 즉 자기 자신을 잘 지키면서 때를 기다리자는 것입니다. 상황이 어려울수록 우리는 밝게 깨어 있으면서, 내공을 다지며 때를 기다려야 합니다. "마냥 놀고 있을 것이 아니라, 더욱 정진하면서 우리의 힘을 기르자, 이 말씀을 전해드립니다.

그래서 우리 불자님들의 정진을 돕고자 제가 이번에 다시 유튜브를 통한 인터넷 법문을 개설하였으니, 하루에 꼭 한 번씩 들어가서 법문을 들으시길 바랍니다. 그런데 핸드폰을 이용하여 유튜브를 볼 때는 반드시 주의해야 할 점이 있습니다. 자신의 핸드폰 요금제가 데이터 무제한 요금제인지, 아니면 와이파이가 잡혀있는 상태에서 유튜브를 실행시키고 있는 게 맞는지를 반드시 확인하셔야 합니다. 자신의 핸드폰 요금제가 데이터 무제한 요금제가 아닌데 와이파이도 잡혀있지 않은 상태에서 유튜브를 시청했다가는 핸드폰 요금이 엄청나게 많이 나올 수 있습니다. 그러므로 반드시 본인의 요금제를 확인하시고 데이터 무제한 요금제가 아니라면, 반드시 와이파이가 잡혀있는 상태에서 유튜브를 실행하여 영상을 시청하시기 바랍니다.

## 恒時須圓覺
## 항상 두렷이 깨어 있으라

그리고 우리 유튜브 채널에 들어가 보시면, 금강경과 관음정근 등 기도 독송 영상들이 잘 올려져 있습니다. 이것을 본인의 기도 소재로 삼으시어, 영상들을 들으시면서 기도하시길 바랍니다.

또 새벽 예불과 저녁 예불을 비롯하여 사시불공 영상도 올려져 있습니다. 현재 유튜브불교대학에 올려진 사시불공 영상은 특별히 신중기도 편에 나오는 사시불공입니다. 보통 때는 다 일반 사시불공을 하게 됩니다. 사시 때 법당에서 이루어지는 불공, 그것이 일반 사시불공이지요. 그런데 특별히 삼보통청이라고도 볼 수 있는 사시불공이 올려져 있으니, 우리 유튜브 채널을 통해서 같이 따라 하시는 것도 좋은 기도 방법입니다. 사시에 불공을 드리기 위해서는 절에 가야 하지만, 지금처럼 못 나오게 되었다 이러면 유튜브를 보시면서 사시불공에 같이 동참하는 것도 하나의 방편이 되겠습니다.

지금 국가가 대단히 어렵습니다. 이런 때일수록 우리는 더욱 다부지게 기도 정진해야 합니다. 특히 국가가 이 어려움에서 벗어나도록 기도하는 애국심 있는 불자가 되어야겠습니다. 개인위생을 더욱더 철저히 하시고요. 바깥출입은 자제하고 집안에 계시되, 우리가 앞으로 더 큰일을 하기 위해서라도 '놀지 말고 부지런히 기도하면서 내공을 다지자' 이 말씀을 간곡하게 드립니다.

모두 따라 하십시오. 우리가 늘 외우는 발보리심진언을 세 번 외우겠습니다.

옴 모지짓다 못다 바나야 믹
옴 모지짓다 못다 바나야 믹
옴 모지짓다 못다 바나야 믹

다음에 뵙겠습니다.
관세음보살

無一우학
說法大典

# 2
# 팬데믹, 불교적 대처법

2020. 02. 28. 세계명상센터 보은전

관세음보살. 유튜브불교대학 불자여러분, 반갑습니다.

제가 어제부터 매일 조금씩 하는 법문, 소참법문이라고 해서 시작을 했습니다. 소참법문이라는 말은 그냥 정기법회에서 하는 그런 장황한 법문이 아니라 임시로 그때그때 하는 법문을 말합니다. 그래서 저는 이것을 생활에 접목을 해서 '생활 소참법문'을 하겠다는 마음을 내었습니다.

지금 세간에서는 코로나19 때문에 큰 문제입니다. 참 난리가 아닙니다. 그래서 오늘도 코로나19에 대한 대처에 대해서 불교적인 해법이라면 해법인데 말씀을 좀 드리겠습니다. 일반적인 대처법은 이미 많이 소개되고 있습니다. 장갑을 끼거나, 늘 비누로 20, 30초 이상 잘 씻어야 하고, 마스크는 꼭 착용을 해야 하고, 타인과 얘기할 때는 절대 기침을 해서는 안 된다는 것, 그 정도는 우리가 이미 다 알고 있잖아요.

이런 이야기들은 아주 일반적인 얘기들이고, 불교적으로 코로나 대처하는 방법에 대해서 제가 말씀드리겠습니다.

첫 번째, 겁먹지 말고 기도 명상을 해야 합니다.

우리가 지레 겁을 먹는 수가 있어요. 오늘도 제가 뉴스를 보니까 직장 일 때문에 인도네시아에 가는 어떤 여자가 자신이 코로나에 걸렸다고 생각하고 스스로 목숨을 끊었다고 합니다. 그럴 필요가 없는데 너무 겁을 먹는다는 것이죠.

현재 코로나 확진자 숫자는 많다고 하지만 그중에서 80%는 경미한 수준으로 감기 정도로 어렵지 않게 지나간다고 합니다. 감기 걸리면 잠시 힘들지만 지나가잖아요. 그런데 조심은 해야겠지만 그걸 너무 겁을 내서, 너무 스트레스를 받아서 자기 목숨까지 저버리는 그런 일을 해서는 안 된다는 말입니다.

우리가 늘 외우는 반야심경에 보면 '보리살타의반야바라밀다(菩提薩埵依般若波羅蜜多) 무가애고(無罣碍故) 무유공포(無有恐怖)' 라는 말이 있어요. 번역해서 읽어드리면 '보살은 반야바라밀다에 의지하므로 마음에 걸림이 없고, 걸림이 없으므로 두려움이 없다' 라는 뜻입니다. 반야바라밀에 의지한다는 것은 늘 부처님 법을 생각하고 부처님을 의지한다, 이 말입니다.

그래서 부처님 법 또는 부처님을 의지하고 사는 불자는 그렇게 두려워하지 않아도 됩니다. 조심은 해야겠지만 스트레스나 강박관념을 너무 가질 필요는 없다는 말입니다. 그렇게 하려면 어떻게 되느냐, 기도하고 명상해야 합니다. 내공을 튼튼히 해야 하는데 내공을 튼튼하게 하려면 이럴 때일수록 시간 내서 늘 기도해야 합니다. 기도하는 것에는 절하는 것도 기도요, 사경하는 것도 기도요, 독송하는 기도요, 관세음보살 정근하는 것도 기도요, 금강경 독송하는 것도 다 기도입니다.

어쨌든 간에 기도하셔야 합니다. 참선하는 시간을 가져야 합니다. 기도 명상하면 겁이 별로 안 납니다. 마음에 걸림이 없어지니까 겁이 안 나는 것이죠. 금강경에 보면 '불경불포불외(不驚不怖不畏)' 라는 말이 있어요. 이 말은 '놀라지도 않으며 두려워하지도 않으며 겁내지도 않는다' 라는 말입니다. 우리가 겁먹지 않고 불자로서 할 수 있는 최상의 마음닦음, 그것은 바로 기도와 참선, 즉 명상이다 그 말씀을 간곡하게 드립니다. 그래서 불자로서 가장 첫 번째 겁먹지 말고, 기도 명상하십시오.

두 번째, 우리가 하고 있는 합장 인사, 이것은 상대를 대단히 배려하는 건강 인사법입니다. 요즘처럼 병이 유행하는 시대는 합장 인사가 너무 좋습니다. 이보다 더 좋은 인사 방법이 없어요. 그래서 제가 두 번째 제시하는 것은 악수 대신 합장 인사하라는 것입니다. 이 병은 곧 물러갈 겁니다. 곧 물러간다 할지라도 불자라면 자기 마음을 정성껏 모아서 인사하는 이 합장인사가 악수하는 것보다 훨씬 더 격식에 맞지 않나 생각합니다.

세 번째, 불자로서 코로나를 이겨내는 방법, 채식을 많이 하라는 것입니다. 우리가 잘 먹고 잘 자는 것이 중요한데, 먹는 것은 되도록이면 채식이 좋다고 많은 학자들이 말합니다. 그리고 그중에서 케일과 시금치를 많이 먹으라고 합니다. 케일이나 시금치는 오신채는 아니기에 까다로운 불자님들도 얼마든지 많이 먹을 수 있어요. 불자로서 채식을 하는 것이 좋은데 특히 이때는 케일이

## 불자로서 할 수 있는 최상의 마음닦음
## 그것은 바로 기도와 참선입니다

나 시금치와 같은 녹황색 식물을 많이 드시는 게 좋습니다. 그래서 면역력을 높이라는 것이죠. 한마디로 정리하면 채소를 먹으면서 면역력을 키워라, 이 말씀입니다.

네 번째, 우리는 묵언수행이라는 좋은 수행이 있어요. 수행할 때는 말 많이 하면 안 됩니다. 묵언해야 합니다. 그래서 요즘처럼 전염병이 돌 때는 마스크 하는 것은 당연하고, 가능하면 묵언하는 것이 좋겠습니다.

묵언은 불교 고유의 수행 과목이 아닌가 생각합니다. 절에서 스님들이 묵언할 때는 17년도 하고 20년도 하는 분들도 있어요. 저의 경주고등학교 후배이자 절 집안에서도 10여 년 후배 되는 스님이 있어요. 청화 큰스님의 상좌인 수안이라는 스님인데, 그분은 올해로 묵언수행이 20년째 되고 있습니다. 아주 대단한 후배지요.

아무튼 말을 너무 많이 내뱉는 것보다 때로는 묵언하는 것이 좋습니다. 특히 요즘 같은 시절에는 묵언하시라는 겁니다. 집에 갇혀 있으니까 갑갑하다고 하시는데, 잠시 무문관에 단체로 머문다 생각하세요. 공부하기 아주 좋은 절호의 찬스라고 생각하면서 기도 정진하시면 되겠습니다. 무문관에 있는 사람이 말을 너무 많이 하면 안 되잖아요. 그처럼 집안에서도 무문관에 있는 것처럼 말을 줄이고 묵언하면서 기도 정진하는, 그래서 내공을 다지는 시간으로 삼으시기 바랍니다.

마지막 다섯 째, 다른 종교에 대해 얘기하면 거부감이 조금 있을 수도 있지만, 사실이 그러하니까 말씀드립니다. 다섯 째 다른 종교인들과 너무 많은 대화를 하면 안 됩니다. 대화뿐만 아니라 다른 종교인들과 사귀는 것은 별로 좋지 않습니다.

이번에 본격적으로 코로나를 퍼트린 교회가 신천지 교회였고요. 부산의 온천교회, 서울 명륜교회, 명성교회, 소망교회, 안동을 비롯한 경북북부 지역의 이스라엘 성지순례단 등 이런 사람들이 코로나 바이러스를 많이 퍼트렸어요. 이 사람들이 2차 감염, 3차 감염, 4차 감염, 5차 감염을 시켜 감당이 안 되는 것이죠. 그러니 이참에 신을 믿는 종교인과는 거리를 두는 것도 괜찮아요. 현실적으로 본인에게도 이익 되는 일이지요.

우리가 그 사람을 포교하지 않았기 때문에 이런 정신

적인 고통받고 있는 것이거든요. 과보잖아요. 그러니까 그 사람을 포교하든지 아니면 코로나가 물러갈 때까지만이라도 조심하라는 말입니다.

우리가 불자로서 코로나 바이러스를 어떻게 멀리하고 퇴치하느냐, 이겨내느냐에 대해 몇 가지 말씀드렸습니다. 여기에 대해서 잘 지켜주셨으면 좋겠습니다.

소나기가 막 쏟아질 때는 소나기를 피해가는 것이 상책입니다. 허름한 움막이라도 있으면 들어가서 잠시 10분, 20분 기다려요. 소나기는 곧 지나가지 않습니까. 피해서 갈 생각을 해야지, 잘 났다고 돌아다닐 필요가 없는 겁니다. 그래서 소나기가 지나가면 햇빛이 쨍쨍 나서 선선한 바람이 불고, 하늘은 더욱더 청명할 겁니다. 세상의 이치는 다 비슷합니다.

코로나가 무섭다고는 하지만 곧 갈 것입니다. 우리는 불자로서 수행을 잘하고 있으면 얼마 가지 않아 햇빛 쨍쨍 나는 그날이 또 올 것입니다. 그러니까 희망을 가지고 너무 낙담하거나 겁먹거나 그런 마음은 내지 않는 것이 좋겠습니다.

그런 믿음을 가지고 살면 좋겠습니다. 늘 관세음보살을 외우는 불자가 되시길 바라고요.

저는 내일 다시 뵙겠습니다.
관세음보살

無一우학
說法大典

# 3
# 가정에서의 예불

2020. 02. 29. 세계명상센터 보은전

관세음보살. 유튜브불교대학 시청자 여러분, 반갑습니다.

유튜브라는 이 매체를 통해서 매일 하고자 하는 지금의 법문은 소참법문(小參法門)의 일종입니다. 주로 짤막하게 임시로 하는 법문을 소참법문이라 하는데, 특히나 제가 지금부터 하려는 법문들은 생활에 접목해서 하므로 '생활 소참법문' 이라 보시면 됩니다. 그래서 제가 이 시간의 이름을 '생활법문' 이라고 지었습니다.

오늘은 생활법문 그 첫 번째 시간입니다.

제가 흔히 받는 질문이 "스님, 집에서 예불해도 됩니까?" 입니다. 또 "스님, 집에서 예불할 때 향이나 초를 꼭 꽂아야 합니까?" 혹은 "향을 꽂아도 됩니까?" 라고 묻는 경우도 많습니다. 그리고 "집에서 예불을 드릴 때 어느 방향으로 하면 좋습니까?", 또 "시간을 꼭 정해놓고 해야 합니까?" 이렇게 묻는 분들이 많습니다. 오늘은 이러한 질문들에 대해 하나씩 얘기를 해 보려 합니다.

불자라면 집에서라도 예불을 기본적으로 하는 것이 좋습니다. 집에서 혼자서라도 예불문을 읽으면서 정성껏 예불을 드리면 아주 좋습니다.

예불문에 담긴 큰 뜻이 무엇인지 혹시 아십니까? 각 경전에는 그 경전의 내용을 크게 나타내는 뜻이라 하여, '대의(大意)'가 있습니다. 이 대의는 주로 여섯 자로 표현을 하는데, 예불문의 대의를 제가 직접 여섯 자로 만들었습니다.

예삼보(禮三寶) 견신심(堅信心)이라.

삼보께 예경하고, 신심을 굳건히 하는 것이다.

예불문이 무엇이냐? 예불이 무엇이냐? 예삼보 견신심이라, 삼보께 예경하고 신심을 굳건히 하는 것이다, 이 말입니다. 즉, 삼보께 예경하고 신심을 굳건히 하는 것이 예불입니다. 그러므로 불자라면 반드시 예불을 하는 것이 좋겠습니다.

시간이 조금 지난 일이지만 한국불교대학 大관음사에서는 "모두 집집마다 정토 가정법당을 만들자." 해서 붐이 일어난 적이 있었습니다. 지금은 조금 수그러들었지만 저 개인적으로는 집집마다 정토 가정법당을 하나씩 꼭 만드는 것이 참 좋겠다는 생각을 합니다.

요즘은 가족 구성원의 숫자가 많지 않아서 빈방이 하나 정도는 다 있을 것입니다. 그 빈방을 정토 가정법당이라 하여 기도실로 꾸미는 것입니다. 빈방에다가 점안식을 한 부처님 사진도 하나 걸고, 제가 쓴 '불(佛)' 자 족자도 하나 걸어 둔 뒤, 그 방의 이름을 정토 가정법당이라 붙여서 기도실로 만드는 것입니다. 그때 한국불교대학에서 드린 부처님 사진은 점안식을 한 특별한 부처님 사진이었습니다. 그리고 족자는 제가 3년 무문관 수행 중 기른 머리카락을 잘라 만든 일명 '두발붓'으로 쓴 족자로서 이 또한 아주 특별한 것이었습니다.

그렇게 특별한 부처님 사진과 족자를 걸고, 또 경상(經床)도 하나 갖다 놓으십시오. 그 경상 위에 책도 몇 권 얹어서 방을 꾸민다면, 그곳이 바로 최고의 예불기도 법당이 되지 않겠습니까? 아마 그때 정토 가정법당을 꾸려 놓으신 분들은 지금 같은 이 시기에 기도하시기 딱 좋으실 겁니다.

지금 국가에서 우리에게 "외출과 모임을 좀 조심해

달라."라고 합니다. 국가에서 하는 일을 우리가 반드시 협조해야 하므로, 개인 모임은 물론이거니와 절에 나가는 것도 자제해야 합니다.

상황이 이렇다 보니, 요즘 와서 '내가 절에 가서 예불을 드리는 것이 불자로서 마땅한 일이지만, 상황이 여의치 않아 그렇게 할 수 없는 지금에 와서 보니 그때 내가 정토 가정법당을 꾸며 놓았던 것이 참으로 요긴하다. 그때 하길 정말 잘했구나' 이렇게 생각을 하시는 분들이 참 많다고 합니다.

"스님, 집에 굳이 법당을 만들지 않고 그냥 하면 안 됩니까?"

물론 그냥 하셔도 됩니다. 하지만 우리는 환경과 분위기에 마음이 기우는 수가 많으므로 그렇게 환경을 잘 조성해 놓는 것이 훨씬 낫지 않겠냐는 것입니다. 환경을 잘 조성해 놓는 게 나쁠 것은 없잖아요?

아무튼 집에도 이런 식으로 기도 법당을 만들어 놓으신 분은 시도 때도 없이 그냥 거기 앉아서 예불하고, 시도 때도 없이 기도할 수 있으니 더할 나위 없이 좋을 것입니다.

이제 서두에 말씀드린 불자들이 자주 묻는 질문으로 돌아가서 하나씩 짚어보도록 하겠습니다. 총 네 가지의 질문에 대해 답변드리겠습니다.

첫 번째 질문은 '집에서 예불해도 됩니까?' 입니다.

당연히 됩니다. 부처님은 불자가 부르는 곳에는 언제, 어디든지 나타나십니다. 그래서 집이든 어디든 여행을 갔다면 호텔에서든 여관에서든지, 내가 기도하는 그곳에 부처님께서 나타나십니다. 그러므로 집에서 예불하는 것에 대해서, '과연 내가 여기서 이렇게 기도해도 될까? 우리 집에서는 늘 고기도 먹는데, 좀 지저분하지 않을까? 불경스러운 것은 아닐까?' 이런 생각은 전혀 안 하시는 게 좋습니다. 오히려 집에서라도 예불은 꼭 하셔야 하는 것입니다.

두 번째 질문은 '향이나 촛불을 꼭 켜야 됩니까?' 입니다.

굳이 안 켜도 되는데 본인이 '나는 향냄새가 좋고, 촛불을 밝혀 놓으니까 훨씬 더 기도 분위기가 나고, 더 신심이 일어난다' 라고 하는 경우에는 그렇게 하시는 것도 좋습니다. 그런데 때때로 가족들이 향이나 촛불을 켜는 것을 싫어하는 수가 있습니다. 가족들이 "절에 너무 빠지는 게 아니냐?" 라는 말을 자주 한다면 그 사람들을 잘 제도해서 같이 하는 것이 좋겠지만, 또 그게 잘 안될 경우도 있기 마련입니다. 그럴 경우에는 가족의 화합을 위해서라도 본인이 아무리 향을 피우고 싶어도 조금 조심하시는 것이 좋겠습니다. 열 번 향 피울 것을 한 다섯 번 피운다거나 하십시오. 향을 꽂을 때는 꼭 하나씩만 꽂으시고요. 나중에는 환기를 잘 하시는 것도 중요합니다.

세 번째 질문은 방향에 대한 이야기입니다.

우리가 공간에 앉다 보면 스스로 느끼기에 좀 편안한 그런 방향이 생깁니다. 그와 같이 본인이 편안한 방향으로 앉으시면 됩니다. 앉은 자리 앞에 자신이 가지고 있는 부처님 사진, 어떤 사진이든 부처님 사진을 모시면 됩니다.

특별히 부처님 사진을 갖고 있지 않은 경우라면, 한국불교대학 大관음사 신도님의 경우에는 '무일불교의 범' 이라는 책을 펴시면 어디든지 부처님 사진이 모셔져 있습니다. 그러니 그 사진을 앞에 모셔놓고 기도하면 됩니다.

혹시 유튜브를 통해서 이 소참 법문을 듣는 분들 중에서 '나는 그런 것도 없다' 하시는 경우에는 절에서 나오는 어떤 책이든지 간에 경전 종류를 앞에 모셔놓고 하면 됩니다. 경전이 있는 곳에는 부처님이 계시기 때문입니다. 그러므로 경전을 앞에 모셔두고 그냥 기도하시면 됩니다.

한마디로 방향은 굳이 따질 것이 못 됩니다. 그래도 방향이 너무 신경 쓰인다면, 다니는 절 방향으로 앉아서 절을 하시고 절 방향으로 앉아서 기도하시면 됩니다. 그리고 혹시나 혼자서 예불을 드릴 때 '나는 아직 톤을 잘 못 잡겠다' 하시는 분들은 유튜브에서 '우학스님' 또는 '유튜브불교대학'을 검색해 보십시오. 거기에 예불문, 천수경 등 모든 염불이 잘 정리되어 올려져 있으니, 그걸 틀어놓고 같이 따라 하시면 됩니다.

마지막 네 번째 질문 '시간을 꼭 정해놓고 해야 하느냐?' 입니다.

가능하면 시간을 정해두고 하는 것이 좀 더 정성이 들어갑니다. 그러므로 아침 예불이면 아침 시간을 정해놓고 하시고, 사시불공이면 사시불공 때, 저녁이면 저녁 때, 본인이 늘 할 수 있는 시간을 정해놓고 하시면 좋겠습니다. 굳이 세 번의 기도를 모두 챙기지는 않으셔도 됩니다. 본인이 할 수 있는 시간을 딱 잡아서 그 시간만큼 하시라는 말씀입니다.

어떤 분들은 '한밤중에 기도하면 안 좋지 않습니까?' 라고 말하는데, 부처님은 낮에도 계시고 한밤중에도 계시고 안 계시는 때가 없습니다. 그러니 그런 것들에도 너무 마음에 걸림이 있으면 안 됩니다. 혹시 직장 문제나 다른 이유들로 인해 '나는 오전이나 오후 시간에는 시간 내기가 너무 힘들다' 이런 경우에는 밤중에라도 기도를 하고 예불을 드리는 것이 안 하는 것보다 백천 번 더 낫습니다.

자기 여건에 맞추어 정성껏 시간을 내어서하되, 스스로 정해 둔 시간은 최대한 지켜서 하시길 바랍니다. 상황이 여의치 않다면 가끔씩은 다른 시간에 하셔도 됩니다.

어쨌든 매일 한다는 것이 중요하기 때문입니다.

요즘 코로나바이러스 때문에 절에 나오기도 힘들고, 모든 상황이 여의치 않습니다. 하지만 이 상태로 그냥 아무것도 하지 않고 시간만 흘려보낸다면 신심이 그냥 식을 수 있습니다. 그러면 불자로서의 자부심, 그런 것도 좀 떨어질 수가 있습니다. 그러므로 내 마음의 부처님, 자성불(自性佛)을 튼튼하게 하고 또 법계불(法界佛), 법계 가득히 계시는 우리 부처님을 잊지 않기 위해서 늘 매일처럼 예불 드리는 것이 좋겠습니다.

매일 여법하게 예불 드리는 그런 불자가 되시길 바랍니다. 전체 관세음보살을 세 번 외우고 마치겠습니다.

관세음보살 관세음보살 관세음보살.

내일 다시 뵙겠습니다.
관세음보살

# 4
# 어머니의 기도

2020. 03. 01. 세계명상센터 보은전

관세음보살. 유튜브불교대학 시청자 여러분, 반갑습니다.

저는 현재 감포도량 세계명상센터에 있는 보은전(報恩殿)이라는 전각의 1층, 무일법당에서 이 법문을 촬영하고 있습니다. 보은전이라 하면 '은혜를 갚는 전각' 이라는 말입니다. 자식의 입장에서 보았을 때, 자식은 부모님께 큰 은혜를 입은 존재입니다. 그래서 부모님들은 가만히 있어도 자식들에게 은혜를 베풀어 주심이 됩니다.

하지만 부모 된 입장에서는 자식을 위해서 기도를 하셔야 합니다. 부모님의 기도는 도의적으로도 중요하지만, 실지로 자식들이 잘 되는 데 있어 직접적 영향을 끼칠 수 있는 것이 바로 부모의 자식을 향한 기도이기 때문입니다. 그러므로 자식이 큰일을 앞두고 있다거나, 설령 무슨 일이 없다 하더라도 부모 된 입장에서 무시 때도 자식을 위해서 기도하는 그런 부모님이 되신다면 좋겠습니다.

그리하신다면 제가 이 보은전에 앉아서 법문을 하는 의미가 더욱더 깊지 않을까 생각합니다. 단언하건대 부모 된 입장에서 자식을 위해서 기도하지 않는다면 그건 부모 직무 유기입니다. 또 자식이 잘 돼야 본인의 마음도 편하지 않겠습니까?

제가 이렇게 이야기를 하면, "스님, 자식을 위해서 기도하면 자식에게 직접 그 영향이 갑니까? 자식이 정말 잘 됩니까?" 이렇게 묻는 분들도 있습니다. 부모와 자식 간은 그냥 한 몸이라고 보시면 됩니다. 촌수로 따지더라도 1촌입니다. 바로 곁에 있고, 또 나의 DNA를 가장 완벽하게 잘 전달받고 있는 존재가 바로 자식입니다. 그러므로 내가 자식을 위해서 기도하면 자식이 곧바로 그 기운을 받을 수 있습니다.

이와 관련한 연구를 하나 소개해 드리겠습니다. 옛날 구소련 시절의 이야기입니다. 구소련의 학자와 미국의 학자가 합동으로 연구를 한 적이 있었습니다. 어미와 자식 사이인 토끼들을 이용한 실험이었습니다. 먼저 어미 토끼들은 미국에 두고, 새끼 토끼들만 태평양 바다를 건너 소련으로 데려갔습니다. 어미와 자식의 거리를 그렇게나 멀리 떨어뜨려 놓고 새끼 토끼들을 죽였습니다. 좀 잔인한 실험이지만 연구를 위해 실험상 그렇게 해 본 것입니다. 그랬더니 미국에 있던 어미 토끼들이 딱 그 시간에 자지러지게 놀라 까무러치더라는 겁니다. 이렇듯 아무리 멀리 떨어져 있어도 부모와 자식은 결국 한 에너지로 통한다는 것을 이 연구를 통해서도 알 수 있습니다.

다른 이야기를 하나 더 들려 드리겠습니다. 이것은 어느 절에서 있었던 일입니다. 절에서 고시 공부를 하는 학생들이 많이 있었을 때입니다. 한 학생이 어느 산중 절에서 공부를 하다가 잠시 바람을 쐬면서 마당을 도는데, 마당 담 사이에 뱀 한 마리가 걸쳐져 있는 겁니다. 그것을 본 학생이 가지고 있던 막대기를 가지고 그 뱀을 쳤습니다. 그러자 뱀의 껍질이 벗겨지고, 뱀은 그대로 담 속으로 쑥 들어가 버렸습니다. 휴식을 마친 학생이 다시 공부하러 들어가려고 자기 방문을 열었는데, 좀 전에 자신에게 막대기로 맞은 그 뱀이 자기 방에 웅크리고 앉아 있는 것이었습니다.

얼마나 놀랐겠습니까? 학생은 스님들께 자초지종을 얘기하고는 뱀은 그냥 놔두고 다른 방을 쓰기로 하였습니다. 그렇게 스님들과의 이야기를 마치고 다른 방에 들어가려고 그 방문을 열었는데, 아니 그 뱀이 언제 그걸 알고는 그 옆방으로 건너와서 똬리 틀고는 머리를 쳐들고 있는 것이었습니다. 그것도 독사가 그러고 있으니 그 얼마나 더 놀랄 일이었겠습니까?

그러자 이 학생은 겁을 먹고 "스님, 저는 도저히 방에 못 들어가겠습니다."라고 말했어요. 그래서 스님들 몇 명이 나와서 마당에 불을 피우고 다 같이 있었습니다.

그때 그 학생의 집에서는 어떤 일이 있었느냐 하면, 초저녁에 살포시 잠이 든 학생의 어머니가 꿈을 하나 꾸었습니다. 꿈속에서 자기 아들이 큰 못에서 헤엄을 치고 있는데 어떤 하얀 옷을 입은 노인이 나타나서는 자기 아들을 물속에 집어넣는 것이었습니다. 자기 아들은 물을 마시면서 죽지 않으려고 안간힘을 쓰며 푸다닥거리고 있었습니다.

놀라서 꿈에서 깬 어머니가 생각했습니다. '필시 내 아들에게 무슨 일이 있는 게 틀림없다!' 그 길로 곧장 택시를 잡아, 1시간 이상 달려서 그 절에 올라갔습니다. 요즘 같으면 전화 한 통이면 다 되지만, 그때 당시에는 휴대폰은커녕 전화조차 제대로 없던 시절이었습니다. 그래서 많은 돈을 들여 택시를 타고 겨우겨우 올라갔더니, 절에 그런 상황이 벌어져서는 스님과 아들이 마당에서 불을 피워 놓고 날밤을 새우려고 작정하고는 그렇게 있는 것이었습니다.

그 어머니는 꿈도 신기했지만 그 상황 자체가 너무나 기가 막혀서 혹시라도 아들에게 나쁜 일이 생길까 염려가 되었습니다. 그래서 그 길로 짐은 버려둔 채 얼른 아들만 데리고 집으로 왔다고 합니다.

이는 어느 절에서 구전되어 내려오는 이야기입니다. 이 이야기에서도 역시 자식과 어머니가 아무리 멀리 떨어져 있어도 자식이 어떤 일을 당하고 있으면 에너지로써 다 통한다는 것을 알 수 있습니다. 에너지로 다 통하니까 어머니는 꿈에서 그러한 예감을 얻었고, 그 예감이 바탕이 돼서 직접 가서 자식을 구출해 온 것입니다. 그와 같이 어머니의 예감과 어머니의 간절한 기도는 반드시 자식에게 직접적으로 그 영향을 끼칩니다.

세상에는 위대한 사람들이 참 많습니다. 그 훌륭한

사람들을 가만히 들여다보면, 위대한 어머니나 위대한 아버지가 있었다는 사실을 자주 보게 됩니다. 자식을 잘 키우기 위해서는 반드시 부모가 기도해야 합니다. 다 성장한 자식이라 할지라도 이 세상 죽는 날까지 자식은 자식입니다. 늘 풍파가 많은 이 세상에서 자식들이 안전하게 살아갈 수 있도록, 그리고 자식들이 성공할 수 있도록 하기 위해서는 부모님의 간절한 기도가 꼭 필요합니다.

부모님의 그 간절한 기도는 어떤 식으로든지 자식에게 반드시 미치게 되어 있습니다. 그래서 그러한 자식들은 절대로 그 부모님을 외면하지 않을 것입니다. 우리는 부모 된 입장에서 반드시 자식을 위해서 기도하는 그런 불자가 되어야겠습니다. 자식뿐만 아니라 좀 더 넓혀서 다른 가족을 위해서도 기도하면 좋겠지만, 우선은 '자식을 위해서라도 기도하자' 이 말씀을 제가 간곡하게 드립니다.

지금 우리나라는 코로나바이러스 때문에 다들 많이 힘들어합니다. 이러한 상황일수록 모두가 다 기도하는 불자, 기도하는 그런 국민들이 되었으면 좋겠습니다. 그래서 이 사태가 빨리 좀 지나가서 더 좋은 그런 분위기 속에서 법문을 하는 그런 날이 왔으면 합니다.

다들 주위에 유튜브불교대학을 많이 소개해 주십시오. 법당에조차 나갈 수 없는 이러한 시국에 이 유튜브 채널이 널리 널리 전파되어, 많은 분들이 유튜브를 통해서라도 강의와 이러한 법문을 들으시면 참 좋겠습니다.

관세음보살을 세 번 외우고 마치겠습니다.
관세음보살 관세음보살 관세음보살.

無一우학
說法大典

# 5
# 코로나는 없다
## 면역력 강화법 12가지

2020. 03. 03. 세계명상센터 보은전

관세음보살. 시청자 여러분 그리고 불자 여러분 반갑습니다.

현재 우리는 코로나19라고 하는 신종 바이러스로 인해 전대미문의 코로나 시대를 맞이하여 힘들어하고 있습니다. 우리 불교에서는 연기법(緣起法)을 말합니다. 이는 세상에서 일어나는 모든 일은 인연과보(因緣果報)의 순환을 따른다는 것입니다. '인(因)을 연(緣)하여 그 과보(果報)가 일어난다' , 조건을 어떻게 갖추느냐에 따라 그 결과가 일어날 수도 있고 안 일어날 수도 있습니다. 그 결과가 적게 일어날 수도 있고, 크게 일어날 수도 있고요. 그 결과가 좋게 일어날 수도 있고, 나쁘게 일어날 수도 있다는 말입니다. 즉, 모든 일은 다 조건에 의해서 일어납니다.

이 코로나19도 그러합니다. 인연과보라는 순환의 이치를 벗어날 수 없습니다. 따라서 우리 삶에 코로나19가 일어나지 않게 하기 위해서는 일어나지 않는 조건을 만들어야 합니다. 즉, 우리는 면역력을 키워야만 합니다. 면역력 없는 것, 그것이 바로 코로나를 발생시키는 요인이 되기 때문입니다.

그래서 오늘은 면역력을 높이는 방법에 대해 말씀을 드리겠습니다.

첫째, 적어도 하루 30분 이상은 숨이 좀 가쁠 정도로 걸으셔야 합니다. 하루에 30분 이상, 일주일에 한 서너 번은 한 시간 이상씩 좀 걸으셔야 면역력이 올라갑니다. 좀 빠른 걸음으로 걷는 것이 좋습니다. 지금은 바깥에 나가는 것이 좀 곤란한 상황이니 만큼 집에서라도 꼭 좀 걸어보시길 바랍니다.

둘째, 목과 목덜미를 따뜻하게 유지해야 합니다. 특히 목과 목덜미를 따뜻하게 해야, 호흡기 계통의 질환인 코로나를 이길 수가 있습니다.

셋째, 등을 따뜻하게 해야 합니다. 방바닥에 열이 나도록 불을 좀 때시고요. 또 보통 다닐 때는 조끼를 반드시 입어서 등을 따뜻하게 하여 기관지가 상하지 않도록 하시면 좋겠습니다.

넷째, 발을 늘 따뜻하게 해야 합니다. 발에는 모든 혈(血) 자리가 다 모여 있다고 합니다. 그래서 발을 따뜻하게 하면, 온몸에 피가 잘 돌게 하여 건강을 유지할 수 있습니다. 요새 수면 양말이라 해서 시중에 나와 있는 것이 있습니다. 잘 때도 이 수면 양말을 신고 자면 열이 빼기는 것을 막을 수가 있으니, 잘 때도 꼭 신고 주무시는 것을 추천드립니다.

다섯째, 집안 온도를 좀 높여서 따뜻하게 유지해야 합니다. 요즘처럼 날씨가 조금 불안정할 때, 일기가 불순할 때, 전염병이 돌 때는 집안 온도를 조금 따뜻하게 온도를 조금 높이기 바랍니다. 그렇게 해서 체온이 36.5도는 최소 유지가 되도록 하시기 바랍니다.

여섯째, 아침저녁으로 스트레칭을 꼭 해야 합니다. 면역력을 높이려면 몸의 전 기능이 좋아져야 해요. 전 기능, 즉 몸의 모든 기능이 좋아야 합니다. 그러기 위해서는 스트레칭을 아침저녁으로 꼭 해야 합니다. 저 같은 경우에는 스트레칭을 아주 열심히 하는 편입니다.

제가 젊은 시절에 토굴에서 참선하면서 도끼질을 많이 하다가 허리가 많이 안 좋아져, 지금도 허리가 안 좋습니다. 그래서 저는 스스로 건강을 챙기기 위해 제가 개발한 '허리 튼튼 명상'을 꼭 합니다. 이 허리 튼튼 명상은 스쿼트 비슷한 것입니다. 그것을 열심히 하고요. 또 목 근육 풀기 운동도 열심히 하고, 팔 다리 근력 운동도 꼭 합니다. 그리고 또 때로는 절(拜)도 좀 합니다.

이 모든 것들이 일종의 스트레칭인데, 이처럼 스트레칭을 해야 온몸이 다 좋아지고, 그래야 면역력이 살아납니다. 그러므로 모든 불자들, 이 방송을 듣는 우리 시청자들은 시간을 내어 아침저녁으로 꼭 스트레칭을 하시기 바랍니다. 저는 저녁에 자기 전에도 꼭 스트레칭을 하고 자는데요. 그러면 감기도 잘 안 걸립니다. 제가 워낙 조심해서 그런 것도 있겠지만 이런 스트레칭들이 대단히 도움이 되는 것을 느낍니다.

일곱째, 비타민C 등 영양 보충제를 잘 챙겨 드셔야 합니다. 절 음식들은 영양의 편중, 영양의 결핍 이런 것이 있는 것이 사실이므로 저는 비타민C 등 영양제를 간단하게 하나씩 챙겨 먹습니다. 딴 데 돈 쓰지 말고 한 달에 한 만 원 정도 투자한다고 생각하고 영양제를 꼭 드시기 바랍니다. 이처럼 영양제를 잘 챙겨 먹는 것이 면역력을 키우는 데 아주 도움이 됩니다.

여덟째, 따뜻한 물 종류를 수시로 마셔야 합니다. 특히 겨울에는 따뜻한 물을 많이 드셔야 합니다. 여름이라 할지라도 찬물은 좋지 않습니다. 따뜻한 물 종류를 한 30분에 한 잔 또는 반 잔 정도 마시는 것이 좋다고 합니다. 저 같은 경우에는 맹물도 마시지만, 차(茶) 종류로 많이 마시는 편입니다. 주로 생강차, 대나무잎차 이런 것을 마시는데요. 우리절에는 대나무가 많아서 대나무잎 차를 많이 즐기는 편입니다. 특히 오죽차(烏竹茶)라 하여 오죽잎차가 아주 좋습니다. 또 구기자차, 꾸지뽕차 등도 많이 마십니다. 여기는 구기자도 나고요. 꾸지뽕도 많이 심어 놔서 많습니다.

혹시 이런 것들이 필요하신 불자님들은 오셔서 가지치기해 놓은 것들을 가져가서 달여 드시길 바랍니다. 건강에 매우 좋습니다. 아무튼 저는 그런 일반 차, 자연 차를 즐겨 마시는데 따뜻하게 잘 데워서 따뜻한 물로 저는 마시고 있습니다.

좀 더 덧붙여서 따뜻한 물이 '어떻게 코로나19 등을 방지하는 데 도움이 되는가'에 대해 간단히 말씀드리겠습니다. 바이러스가 입안에 있을 수도 있겠지요? 그런데 물을 마심으로써 기도로 넘어갈 바이러스가 식도를 통해서 위로 들어간답니다. 그러면 위에서는 위액이 나와서 그 바이러스를 다 꼼짝 못 하게 다 소멸시킨다고 합니다. 이건 의사들이 말하는 정식 이론입니다. 그러므로 따뜻한 물을 자주 마시라고 말씀드리는 것입니다.

아홉째, 소식 해야 합니다. 적게 드시되 가능하면 발효음식을 꼭 같이 챙겨 드셔야 합니다. 소식하시되 발효음식을 드시라 그 말입니다. 저는 밥을 하루 한 끼 먹습니다. 시간으로는 점심때 그렇게 한 끼를 챙겨 먹고요. 아침과 저녁에는 과일 조금 먹을 때도 있고, 견과류 종류를 조금 먹을 때도 있고 그렇습니다. 그런데 밥을 먹을 때에는 꼭 된장, 간장을 챙겨 먹습니다. 우리절에서 담근 아주 명품 된장, 3년 된 약간장이 있는데, 저는 늘 그것을 챙겨 먹습니다. 제가 먹어 보니 발효음식이 몸에 아주 좋은 것 같습니다. 소식하되, 발효음식을 꼭 챙겨 드시라는 말씀을 재차 강조해서 드리는 바입니다.

열 번째, 반드시 명상하셔야 합니다. 기도, 참선 등 명상을 하셔야 스트레스가 풀리고, 면역력이 좋아집니다. 하루에 한 시간 이상은 반드시 명상을 하셔야 합니다. 명상이라 하면 일반적으로 참선과 기도를 말합니다. 여기서 기도라 하면 모든 것이 다 기도가 될 수 있습니다. 절하는 것도 기도요, 사경하는 것도 기도입니다. 경(經)을 읽는 독경, 독송하는 것도 기도입니다. 또 관세음보살 정근 외우는 것도 기도입니다. 즉, 온갖 것이 다 기도가 됩니다.

참고로 어떤 분이 물으시기로 "스님, 사경할 때 그냥 노트 같은 데 하면 안 됩니까?" 하시는데, 그것도 괜찮습니다. 대신 조금 질이 좋은 노트에 쓰시기를 바랍니다. 노트 질이 좋아야 더 정성껏 써지기 때문입니다. 그래서 지금처럼 절에 나와서 사경집을 살 수 없는 그런 형편이면 조금 고급 노트를 하나 구해서 거기에 사경하시면 되겠습니다.

그렇다면 우리가 명상을 하면 왜 스트레스가 풀리는가? 해 보면 딱 표시가 납니다. 명상을 하면, 즉 기도나 참선을 하면 세상이 그리 두려워지지 않습니다.

저는 동물들로부터 많이 배웁니다. 지금 제 방 안에는 개구리 두세 마리가 세면장에 같이 살고 있고요. 또 쥐가 늘 왔다 갔다 합니다. 요즘 쥐가 하도 많아져서 쥐틀을 이용해서 쥐를 생포해서는 용담에 가져다가 놔 줍니다. 보통 아침에 잡으면 저녁때쯤 해서 용담에 가서 놔주고 옵니다. 그러니까 길어봤자 반나절입니다.

그런데 어떤 쥐는 그 반나절의 시간조차 못 참는 겁니다. 쥐틀 안에 가만히 있다 보면 곧 놔 줄 텐데, 그걸 참지 못하고 한 두세 시간 만에 지레 스트레스를 받아서 그냥 죽어 있어요. 그것만 보더라도 '스트레스는 정말로 해로운 것이로구나. 스트레스를 너무 많이 받으면 자기가 감당 못 해서 죽는구나' 하는 것을 이 쥐를 통해서도 배웠습니다.

아무튼 너무 스트레스 받지 않으셔야 합니다. 그러기

위해선 반드시 명상을 하셔야 합니다. 참선하시든지 기도를 하셔야 하는데, 하루에 한 시간 이상은 꼭 하셔야 합니다. 하루 한 시간!

어떻게 기도를 하는 건지, 기도의 방법과 어떤 때 어떤 기도를 하는 건지, 또 기도 순서 등 이러한 것들에 대하여 앞으로 차차 말씀을 드리도록 하겠습니다.

열한 번째, 긍정적, 희망적 사고를 가져야 합니다. 어떤 일을 당하든지 간에 '잘 될 수 있다', '우리는 이 일을 해결할 수 있다' 이런 생각을 가져야 합니다. 특히 지금의 코로나19를 대하는 마음가짐도 그러해야 합니다. '전화위복이 될 수 있다', '더 잘 될 수 있다' 이렇게 마음을 먹어야 합니다. 그래야 잠도 잘 옵니다. 스트레스가 심하거나 희망이 없다거나 하면 잠도 안 오잖아요?

아무튼 우리는 긍정적이고 희망적인 사고를 늘 해야 된다는 말씀을 드립니다.

지금 '전대미문의 코로나 시대를 겪고 있는 우리가 어떻게 하면 면역력을 좀 키워서 이 시기를 건강하게 잘 보낼 수 있겠는가?' 에 대한 말씀을 드리고 있습니다. 제가 말씀드리고 있는 이 모든 것들은 다 저의 경험에서 비롯된 것들입니다. 제가 직접 해 보고 '이건 분명히 좋은 것이다', '이렇게 해야겠다', '다른 사람들도 이렇게 하면 얼마나 건강하겠는가?' 하는 저의 비심(悲心)에 기인한 것이니만큼 이를 다들 한번 꼭 실천해보시면 좋겠습니다.

열두 번째, 방안이 너무 건조하지 않도록 잘 유지해야 합니다. 저는 겨울이 되면 늘 가습기를 틀고 있습니다. 가습기가 좀 불편할 때는 빨래를 해서 방안에 널어놓습니다. 그러면 방안의 습기 조절이 됩니다. 그렇게 해서 방 안이 건조하지 않아야 호흡기 질환이 잘 오지 않습니다. 요즘 보면 맹물을 넣기만 하면 수증기가 나오는 그런 기계들이 잘 나와 있습니다. 그런 기구를 하나 사다 놓으시든지 아니면 빨래를 방안에 널든지 하십시오. 그리하여 방 안에 습기가 좀 넉넉해지면 호흡기 질환에 대단히 도움이 됩니다. 호흡기 질환을 막을 수도 있다, 이 말입니다.

이렇게 해서 제가 열두 가지를 쭉 말씀을 드렸는데,

이 영상을 반복해서 들으시면서 정리를 좀 해 두시면 좋겠습니다. 그리고 참고로 코로나19와 관련된 약을 하나 소개해 드리겠습니다. 현재 이 코로나바이러스는 신종 바이러스이므로 그 치료약은 개발을 해야 하는 상황입니다만, 중국에서 '청폐배독탕' 이라고 하는 아주 특별한 약을 발견하였다고 합니다.

이 청폐배독탕은 아주 오래된 고서(古書)에 기록되어 있는 것으로 이미 수천 년 전에 참으로 안목 있었던 그 옛날의 의사들이 이걸 발견해서 기록해둔 것이라고 합니다. 중국 중의(中醫)에서 발견된 것이라 하는데, 혹시 주위에 코로나에 걸린 사람이 있다면 전문 한의사에게 청폐배독탕에 대해 반드시 자문을 구한 뒤에 약으로 지어 드시면 좋겠습니다. 모르는 분들이 많은 것 같기도 하고, 혹여 필요한 분들이 있으시다면 조금이나마 도움이 되었으면 하는 마음에서 이 탕약을 소개합니다.

우리는 개인위생을 철저히 하면서 또 제가 오늘 말씀드린 '어떻게 하면 호흡기 면역력을 키울 수 있는가?' 잘 참고하여, 이 시기를 잘 이겨나가야겠습니다.

내일 다시 뵙겠습니다.

관세음보살

# 6
# 코로나 예방약
## 예방 탕약

2020. 03. 05. 세계명상센터 보은전

관세음보살. 국내외 유튜브불교대학 시청자 여러분, 반갑습니다.

오늘은 코로나바이러스를 예방하는 탕약(湯藥)에 대해서 소개하겠습니다. 이것도 역시 중국 국가위생부에서 각 성, 시, 병원에 권유한 내용으로 중국에 있는 칭다오 도량과 인연 있는 중의학자, 한의학자께서 저에게 제공한 내용입니다.

오늘 소개하는 것들은 다 탕약의 소재입니다. 약을 함께 달여서 먹는 것입니다. 하나하나 각각의 성분도 약효가 있지만 이것이 합해짐으로써 시너지 효과가 생기는 겁니다.

세상에 나와 있는 모든 초목은 약이 되지 않는 것이 없습니다. 서로 어떻게 조합하느냐, 어떻게 인연을 맺느냐에 따라서 그 약효가 커지고 달라짐을 우리는 알 수 있습니다.

이는 부처님 당시부터도 있었던 얘기입니다. 부처님도 다니시다 보면 석가모니 부처님도 육신을 가지셨기 때문에 더러 편찮으시기도 하고 그랬겠지요. 그때 부처님의 주치의로서 항상 따라다녔던 이가 바로 '지바카'라는 사람입니다. 이 지바카가 그의 스승으로부터 공부를 아주 다부지게 할 때의 일입니다.

한번은 스승이 제자들을 모아 놓고, "저 산천에 나가서 약이 되지 않는 초목을 찾아서 다 가져오라." 이렇게 명령을 내렸습니다. 그런데 수많은 제자들 중에 단 한 사람, 이 지바카만은 빈손으로 돌아왔다고 합니다.

스승이 물었습니다.

"너는 왜 빈손으로 왔느냐?"

지바카가 대답하였습니다.

"스승님, 제가 다니면서 모든 풀을 다 조사를 해 보니, 약이 되지 않는 초목은 없었습니다. 그래서 빈손으로 올 수밖에 없었습니다."

그러자 스승은 "네가 공부를 잘했구나. 너는 과연 명의가 될 만하다." 이렇게 인정을 했어요. 그래서 스승의 대를 잇는 자격을 얻게 되었습니다. 이렇게 지바카는 당시 대단히 유명한 명의였기 때문에 부처님을 시봉하는 의사가 된 것입니다. 늘 부처님의 건강을 돌보는 그런

영광의 자리에 서게 된 겁니다. 인도 성지순례를 하다 보면 지바카 생가 터도 볼 수가 있습니다.

아무튼 이 약과 관계되는 것, 또 이 돌림병, 역병에 관계되는 얘기들이 경전에도 가끔 나옵니다. 그러한 것들에 대해서는 시간이 닿는 대로 말씀을 더 드리도록 하겠습니다.

제가 오늘 소개해 드리는 약재들은 주위에 흔히 있는 식물들입니다. 주위에서 흔히 볼 수 있는 식물들입니다. 제가 보더라도 약이 안 되는 풀, 나무는 없는 것 같습니다. 이곳 감포도량에도 엉겅퀴, 갈대, 달맞이 꽃대, 대나무 잎, 뽕나무, 꾸지뽕나무 등 지천으로 널려있습니다. 그런데 알고 보면 이것들이 다 약이 돼요. 다 약재가 됩니다.

아무튼 오늘 제가 말씀드리는 약재들은 모두 근처 밭에서 본인이 구할 수 있으면 본인이 구하시면 되고요. 만약 도심이라서 그런 여건이 안 된다면 한약 건재상이나 인터넷을 통하면 충분히 쉽게 구하실 수 있는 평범한, 평이한 식물들입니다. 물론 한의원에 가서 전문가들의 조언을 듣는 것도 아주 좋은 일입니다. 저 역시 이 법문을 하기에 앞서 공부를 많이 하신 한의사분들에게 이 예방약에 대해 자문을 구했습니다. 이 예방약을 한의사분들도 보시고는 '한국의 한의학하고 참 닮은 것이 상당히 많다. 이대로 먹어도 괜찮겠다' 라는 조언을 저한테 해 주셨습니다.

이것은 예방 차(茶)와는 조금 다릅니다. 약 성분이 조금 들어있는 예방약(藥)에 대해서 말씀을 드리고자 하는 것입니다. 예방 탕약의 소재입니다.

첫 번째, 황기입니다.

두 번째, 백출입니다.

세 번째, 방풍입니다.

네 번째 재료는 금은화입니다. 금은화는 인동초라고 더 많이 불리지요?

다섯 번째, 연교입니다.

여섯 번째, 로근입니다. 로근이라 하면 갈대 뿌리를 말합니다. 기억력이나 알츠하이머 등 기억력에 관계되는 병에 이용되는 약재로써는 로근 만한 것이 없다고 많이 알려져 있습니다. 감포도량 골짜기, 계곡에 안쪽으로 갈대가 많았습니다. 그런데 작년 태풍 때, 이것들이 많이 쓸려나가고 뿌리를 많이 드러냈어요. 그래서 제가 거기서 갈대 뿌리를 많이 채취했습니다. 여하튼 이 갈대 뿌리는 기억력과 관계되는 식물입니다. 갈대 뿌리는 캐기가 무지 힘듭니다. 태풍이 왔을 때 물난리가 나는 바람에 뿌리가 드러나서 뽑기가 쉬워서 그렇지, 뽑아내기가 만만치 않아요.

다섯 번째 재료로 소개했던 연교는 개나리 꽃씨, 개나리 열매를 말합니다. 감포도량의 방벽에 많이 드리워져 있는 개나리의 씨, 개나리 꽃씨, 개나리의 열매가 바로 연교입니다. 이 연교도 한약 건재상에 가면 뭐 쉽게 구할 수 있습니다.

세 번째 재료로 소개했던 방풍은 풍을 막는다고 알려진 식물입니다. 방풍을 먹으면 '풍은 안 온다' 그러잖아요? 이 방풍도 구하기가 좀 쉽습니다. 제가 사는 무문관 안에도 방풍이 많습니다. 제가 2013년에 1차 3년 무문관 정진을 위해 들어오는 날 이 방풍을 좀 가져와서 터앝에 심어 놨더니 아직도 많이 있습니다. 그래서 저는 여름이면 공양할 때 그 안에서 이 방풍을 뜯어서 방풍 쌈을 싸서 먹기도 하였습니다. 방풍, 지금도 아주 새파랗게 살아있습니다.

그다음에 제가 두 번째로 소개했던 재료는 백출입니다. 우리가 산에 다니다 보면 산초를 많이 볼 수 있습니다. 시골 사람들은 주로 산초라 그래요. 표준말로는 삽주입니다. 이 삽주의 뿌리를 창출이라고 합니다. 그런데 이 창출의 껍질을 벗긴 것이 바로 백출입니다. 그러니까 엄밀히 따지면 창출과 백출은 조금 다르지요. 껍질이 붙어있으면 창출이고 껍질이 벗겨져서 정제된 것은 백출입니다.

백출은 소화 작용을 돕고 식욕을 증진하는 데 좋다고 합니다. 또 신장염이나 부종을 없애는 데 좋다고 해서 더러 먹습니다. 어떤 분이 제게 백출을 정제하여 갈아서 갖다주어서 저는 공양 후에 티스푼 하나 정도 이 백출을 먹고 있습니다. 아주 좋은 것 같아요.

그다음 맨 처음으로 소개했던 황기입니다. 황기는 아

주 특별한 효능이 있다고 해서 요즘 황기에 대한 소개가 많이 되고 있습니다. 그래서 올해 저는 '감포도량에 이 황기를 좀 심어봐야겠다' 해서 이리저리 알아보니, 한 돈 만 원이면 한 움큼 주더라고요. 그 정도면 넓은 밭에 다 뿌릴 수 있는 양이지요.

감포도량에는 아직 작물을 심지 않은 밭이 있습니다. 그래서 그런 밭에다가 올해는 황기 씨앗을 좀 많이 뿌려서 후일에 수확이 되면 신도님들께도 좀 드릴까 생각하고 있습니다.

아무튼 이렇게 해서 지금 제가 말씀드린 여섯 가지 약재 재료들을 적당히 잘 배합을 하면 이것이 예방 탕약이 된다는 것입니다. 그런데 이 정도는 뭐 예방 차라 해도 관계가 없겠습니다.

제가 말씀드린 이 재료들 중에 독성이 있는 것은 없어요. 금은화가 독성이 좀 있다고 하지만 금은화도 그렇게 걱정을 할 일이 아닙니다. 저희들이 어릴 때는 금은화를 가지고 술을 담가서, 단술 있잖아요? 식혜를 담아서 먹기도 하고 그랬거든요. 그러므로 너무 많이, 과도하게 먹지만 않는다면 괜찮을 것 같습니다. 뭐든지 그렇습니다. 너무 많이 먹으면 안 돼요. 턱도 없이 많이 먹으면 제 아무리 독성이 없다 할지라도 몸에 안 좋을 수도 있습니다. 그 점만 좀 주의하면 돼요.

다시 말씀드리겠습니다.

황기, 백출, 방풍, 금은화, 연교, 로근, 이렇게 여섯 가지입니다.

좀 덧붙여 황기에 대해서 좀 더 말씀드리면, 황기는 땀을 많이 흘리는 사람에게 좋다고 합니다. 땀을 조절하는 기능을 하기 때문에 땀을 많이 흘리는 사람에게 좋은 약재라고 합니다. 또 항산화 작용을 하고요. 그리고 강장 작용을 하여 면역력을 증진하는 데도 좋다고 합니다. 특히 지친 몸을 회복하는 데 좋다고 말합니다. 또 이것도 치매 등 기억력에 아주 좋고요. 또 심장이 허약할 때도 좋은 역할을 합니다. 황기 차(茶)만 먹어도 이런 효과들을 볼 수 있다고 합니다.

제가 아까 얘기했던 것은 탕약으로써 그 여섯 가지 재료들이 모두 합해졌을 때 비로소 항바이러스, 코로나

바이러스 예방약이 되는 것이고요. 제가 지금 말씀드린 것은 하나씩 따로 먹어도 각각이 지닌 효과가 있으므로 '따로 먹어도 이러이러한 효능이 있다, 좋다' 이런 말입니다. 즉, 황기 하나만 달여서 먹는다거나 백출 하나만 달여서 먹는다거나 해도 전혀 효과가 없는 것은 아니라는 말이지요.

다시 정리하자면 코로나바이러스에 대한 예방약이 되게 하려면 여섯 가지 재료를 잘 배합해서 섞어 먹어야 하고, 그냥 건강을 위한 것이라면 각각 따로 먹어도 이러이러한 효능을 볼 수 있다 이 말입니다. 그래서 황기 하나만 잘 달여서 잘 마셔도 앞서 쭉 말씀드렸던 그러한 여러 가지 효과를 볼 수 있습니다. 심지어는 항암 작용까지 한다는 것이 바로 이 황기입니다. 소화기관에도 좋아서 집에서 황기 차를 장복하시는 분들도 많이 있습니다.

황기에 대해 전문적으로 많이 연구한 사람들 얘기가 "황기 차는 독성이 없으므로 꾸준하게 차로 계속 마셔도 몸에 부작용이 일어나지 않는다. 특히 도한증, 땀을 많이 흘리는 사람들, 또는 몸이 너무 약해서 움직이기 힘든 사람들은 황기 차를 한번 마셔보라." 이런 말들을 합니다. 간 기능에도 좋고 소화 기능에도 좋고 몸에 아주 좋은 약재임은 틀림없는 것 같습니다. 참고하시면 좋겠습니다.

그리고 또 하나 금은화에 대해 좀 더 말씀드리겠습니다. 금은화는 주로 인동초(忍冬草)라는 이름으로 더 많이 알려져 있습니다. 옛날에 김대중 대통령을 두고 '참 억세게 살아온 사람'이라고 해서 인동초라 그렇게 별명을 붙인 적도 있었습니다. 겨울을 견디는 풀이라는 이름에 걸맞게 아주 강인한 생명력을 가지고 있습니다. 그래서 지금도 감포 뒷산에도 금은화, 인동초가 지천에 널려 있고요. 그리고 해변도량 방생하는 용바위에 가려면 왼쪽의 언덕을 지나가게 되는데, 그 왼쪽 언덕 전체가 다 인동초 넝쿨로 꽉 차 있습니다. 그 꽃이 엄청 많이 달려 있습니다. 금은이라, 금색의 꽃과 은색의 꽃이 아주 만발해있습니다. 그걸 따다가 더러 식혜를 담아 먹기도 하고요. 또는 술도 담그는 사람도 있다고 합니다. 금은화는 부인병에 좋고, 항염, 이뇨 작용, 항균 작용을 한다고 하고요. 관절염, 감기 호흡기 질환 이런 데도 좋다고 합니다.

그런데 많은 경험자들이 말하기를 금은화는 너무 많이 드시지 말고 조금만 드시는 게 좋다고 합니다. 조금 전에도 말씀드렸듯이, 금은화는 너무 많이 사용하면 안 좋습니다. 조심하시기 바랍니다.

재차 말씀드리지만 이 예방 탕약에 대해 전문가들에게 조언을 구하는 것도 좋은 일입니다. 그리고 만약 자문을 구하지 않고 그냥 혼자 끓여 드시려는 분들은 이 약재들을 구해서 끓여 드시되, 처음부터 너무 많이 넣어서 끓여 드시는 것보다는 처음에는 조금 약하게 해서 드셔보시고, 문제가 없으면 조금 더 많이, 예를 들어 황기를 좀 더 넣거나 해서 보충하면 좋겠습니다.

이것은 차라고 하지 않고 이름도 탕약이라고 붙었기 때문에 코로나바이러스가 물러가면 이 약은 끊는 것이 맞습니다. 차라면 이름 그대로 차니까 그냥 계속 마셔도 됩니다. 하지만 약은 그 병이 지나가면 안 먹는 것이 맞습니다. 만약, 계속 더 먹어야겠다 싶은 분들은 전혀 독이 없는 황기, 로근, 즉 갈대 뿌리 정도는 구기자차 마시듯이 놔두고 마시면 건강을 유지하는 데 도움이 되겠습니다. 해(害)가 될 것은 없어요.

우리나라 건국 이래 너무나 힘든 세월을 맞고 있습니다. 이럴 때일수록 우리는 더욱더 마음을 가다듬고, 우리 국가를 좀 생각하고 또 우리 가족의 건강도 이참에 한번 다시 챙겨 보는 그런 시간이 되시면 좋겠습니다.

제가 또 하나 노파심에 말씀드리면, 요즘 첨단 불교의 방편으로 많은 것들이 있습니다. 유튜브를 비롯하여 카카오톡, 카카오스토리, 다양한 SNS를 비롯하여 여러 앱 등 인터넷 포교 자료가 참으로 많습니다. 그런데 이러한 공간에서는 그냥 불교 얘기나 하고 서로 안부 정도나 묻고 그래야 합니다. 거기서 너무 정치적인 얘기를 많이 하시면 안 됩니다. 정치적인 것은 사람마다 성향이 각각 다르고, 보는 관점에 따라서 다를 수밖에 없습니다. 그러니까 그런 얘기는 조금 지양하시기 바랍니다.

대신 우리가 하는 공부 이야기, 포교 이야기, 신행 이야기 등 이런 것들로 이야기꽃을 피우시기 바랍니다. 그리하여 모든 사람이 다 마음이 편안한 인터넷 포교, 첨단 불교의 포교가 되도록 서로서로 배려하는 마음을 좀 가져주시면 좋겠습니다.

아까 제가 누가 묻더라고요.

"스님, 지금 어디서 왔습니까?"

"방콕에서 왔다."

"방콕이오? 이 시국에 지금 방콕을 가시면 됩니까?"

"방에서 콕 처박혀 있다가 나왔다."

시국이 이러하다 보니 모든 사람들이 다 방콕에 있을 것입니다. 방콕에 있는 동안에 절대 그냥 시간 허투루 보내지 마시고요. 텔레비전만 쳐다보지 마시고 TV는 뉴스만 보세요. 대신, 불교 공부해야 합니다. 그리고 불교 수행해야 합니다. 지금 사이비 종교가 판을 치고 있는 이런 시국에 정법의 불자들이 공부도 안 하고, 정법의 불자들이 수행도 안 하면 되겠습니까? 그러니까 우리 국민들이 사이비 종교에 빠져서 지금 이 난리가 난 겁니다.

아무튼 우리들은 이럴 때일수록 공부하고 수행해야 합니다. 방콕에서 놀지 말고, TV 웬만한 프로그램은 다 제하시고 뉴스만 보세요. 뉴스만 보시고 스님들 공부하는 프로그램을 찾아 보시면서 참 자아, 우리 자신을 찾아 가는 그런 공부인들이 되시길 바랍니다.

아마 이 시간도 아마 금방 지나갈 겁니다. 너무 초조해 하시지 말고 곧 좋은 세월이 온다는 희망을 가지고 부지런히 정진하는 그런 불자가 되시면 좋겠습니다.

내일 다시 뵙겠습니다.
관세음보살

# 7
# 부처님의 역병 퇴치

2020. 03. 06. 세계명상센터 보은전

관세음보살. 유튜브불교대학 시청자 여러분, 반갑습니다. 오늘 주제는 '부처님의 역병 퇴치 이야기' 입니다. 부처님께서는 어떻게 전염병을 퇴치하셨나, 그것에 대한 이야기를 해 드리겠습니다.

석가모니 부처님께서 마가다국(마갈타국) 죽림정사에 계실 때였습니다. 이웃 나라인 릿차위족이 다스리는 밧지국에 삼재팔난이 돌았습니다. 가뭄과 기근, 질병이 만연하여 많은 백성들이 죽어가고 있었습니다. 당시 밧지국의 수도 바이샬리는 왕족들만 7,707명이 있을 정도로 대단히 인구가 많은 번성한 상업 도시였는데 거기에 큰 우환이 닥친 것입니다.

큰 시름에 빠진 릿차위족의 대표들이 모여서 회의를 하였습니다. 회의 결과 '이럴 때는 위대한 성자이신 부처님을 모시면, 부처님의 법력 또는 부처님의 혜안으로 해결해 주실 것이다' 이렇게 의견을 모았습니다. 그리하여 릿차위족의 대표들은 부처님이 계시는 마가다국 왕사성으로 갔습니다. 당시 마가다국을 다스리던 아사세왕의 협조를 얻어 부처님을 모시고서 다시 밧지국으로

향했습니다.

마갈타국과 밧지국의 국경선 역할을 하던 것이 바로 갠지스강이었습니다. 그래서 마갈타국에서 밧지국으로 가려면 반드시 갠지스강을 건너야 합니다. 부처님께서 갠지스강을 건너서 밧지국의 땅에 발을 들여놓으시는 그 순간, 맑았던 하늘에 구름이 막 모여들더니 비가 쏟아져 내리기 시작했습니다.

그후로 2, 3일 동안 아주 넉넉하게 비가 내렸습니다. 구름이 걷히고 하늘이 맑아지자 부처님께서는 보배경을 설하셨습니다. 특별히 우리 몸을 보호한다는 보호경(保護經)들이 있는데, 보배경은 그러한 보호경 중 하나입니다. 이 보배경의 몇 구절을 소개해 드리겠습니다.

"이 세상이나 저세상에 무슨 재물이 있더라도 훌륭한 보배가 천상에 있더라도 참으로 여래와 견줄 만한 것은 없도다. 이 훌륭한 보배는 붓다 안에 있다. 이 진리에 의해 행복이 있기를.

가장 훌륭한 붓다가 찬탄하는 순수한 삼매란 끊이지

않고 계속 이어지는 삼매라고 그들은 말한다. 그 삼매와 견줄 만한 것은 아무것도 없다. 이 훌륭한 보배는 가르침 안에 있다. 이 진리에 의해 행복이 있기를.

땅에 깊이 묻혀있는 기둥이 사방의 바람에도 흔들리지 않는 것처럼 거룩한 진리를 선명하게 보는 선한 이들은 이와 같다고 나는 말한다. 이 훌륭한 보배는 승가 안에 있다. 이 진리에 의해 행복이 있기를.

어떤 존재들이 여기 함께 왔든지, 땅에 있는 것이나 하늘에 있는 것이나 신들과 인간들에 의해 공경 받는 여래와 법에 예경하라. 행복이 있기를.

어떤 존재들이 여기 함께 왔든지, 땅에 있는 것이나 하늘에 있는 것이나 신들과 인간들에 의해 공경 받는 여래와 승가에 예경하라. 행복이 있기를."

여기서 끝부분만을 따로 좀 보시겠습니다.

"공경 받는 여래와 법에 예경하라, 행복이 있기를. 공경 받는 여래와 승가에 예경하라, 행복이 있기를."

마치 부처님의 축원 같지 않습니까? 사시불공 때 스님들이 축원 드리는 것과 같은 것을 부처님께서 지금 말씀하고 계신 것입니다.

아무튼 이러한 보배경을 설하신 후 부처님께서는 아난존자에게 명을 내리셨습니다.

"내가 지금 설한 보배경을 밧지국 사람들이 다 외우게 하라."

즉, 널리 보급하여 모든 백생들이 다 알게 하라는 것입니다. 이 보배경의 주요 내용은 불(佛) · 법(法) · 승(僧) 삼보(三寶)에 대한 예경과 찬탄입니다. 그리고 더 나아가서 참선, 기도 등 명상을 할 때 체험하게 되는 삼매(三昧)의 공덕에 대한 찬탄이기도 합니다. 부처님의 축원 의식을 곁들인 찬탄이 주된 내용입니다. 이는 다시 말해 부처님께서는 만백성들의 마음을 편안하게 하도록 하셨다는 것이고, 만백성들이 스스로 명상을 하도록 가르치셨다는 것입니다.

다시 정리해보겠습니다.

부처님께서는 당시에 상업 도시로서 가장 번성했던 바이샬리의 역병을 퇴치하기 위해 가장 먼저 도시 전체를 물청소하게 하셨습니다. 물론 부처님의 신통으로 비를 내리게 했다고 볼 수도 있습니다. 하지만 좀 더 현실적인 이야기로 재해석하여 보자면, 부처님께서 바이샬리에 가셔서 가장 먼저 모든 백성들에게 한 3, 4일간 비 내리듯이 물청소를 시키지 않았겠는가, 이렇게도 유추해 볼 수 있습니다. 부처님의 신통력으로 비를 내렸든지 아니면 부처님의 명령으로 모든 도시를 물청소하게 하셨든지 간에, 먼저 주변의 위생환경을 깨끗이 했다는 것입니다. 이를 두고 저는 '과연 매우 현실적이고 과학적인 대책이 아닌가!' 라는 생각을 했습니다.

위생 관리를 마치신 부처님께서는 그 후 보배경을 설하심으로써 불 · 법 · 승 삼보에 대한 믿음을 내게 하시고, 모든 사람의 마음을 편안하게 해 주셨습니다. 백성들의 불안한 마음을 다 없애 주셨습니다. 그리고 난 후 백성들에게 직접 명상을 하도록 하셨습니다. 이를 경전에서는 '빠릿다 의식' 이라고 소개하고 있습니다. 빠릿다 의식이란 보호경의 한 종류인 보배경을 읽는 자체를 말합니다. 더 나아가 보배경을 읽고 명상하는 그 모든 의식 자체를 빠릿다 의식이라고도 합니다.

이와 같은 방법을 통해 부처님께서는 바이샬리의 돌림병을 완전히 해결하셨습니다.

이제 우리는 '2500년 전에 부처님께서 하신 이 역병 퇴치법을 현재의 우리가 얼마나 잘 수용할 수 있겠는가?', '어떻게 수용하면 되겠는가?' 에 대한 생각을 해야 합니다.

현재 우리가 겪고 있는 코로나바이러스, 이 역병에 어떻게 대처할 것인가, 또 어떻게 퇴치할 것인가에 대한 결론입니다.

가장 먼저 해야 할 것은 부처님께서 하셨던 것처럼 위생 관리를 철저히 해야겠습니다. 가정의 위생 관리, 개인의 위생 관리, 마을의 위생 관리를 철저히 해야 합니다.

두 번째로 시민 모두가 다 한가한 자리에서, 조용한 자리에서, 조용한 처소에서 기도 참선 등 명상을 해야겠

*공경 받는 여래와 법에 예경하라 행복이 있기를*
*공경 받는 여래와 승가에 예경하라 행복이 있기를*

습니다. 명상이라 하면 불교에서 이루어지는 모든 수행이 다 명상입니다. 제가 평상시에 늘 "하루에 금강경 한 편 읽기, 관음정근 30분 하기" 이렇게 말씀을 드렸는데, 지금은 시국이 이러하니 우리가 가행정진(加行精進)을 했으면 좋겠습니다.

집에 있는 시간이 많으므로 이 정도 가행정진은 충분히 할 수 있다고 봅니다. 가행정진이라 하지마는 숙제를 많이 드리는 것이 아닙니다. 금강경을 하루에 세 번 읽자는 것입니다. 그리고 관음정근도 시간을 30분 정도 더 늘려서 관음정근을 1시간 하시면 좋겠습니다. '금강경 하루 3독, 관음정근 1시간' 이렇게 숙제를 드리겠습니다. 이렇게 하는 것이 현대적 빠릿다 의식이 아니겠는가, 저는 그렇게 생각합니다.

우리는 이런 때일수록 더욱더 부처님(佛), 부처님의 가르침(法), 그리고 승가(僧)에 의지해야겠습니다. 마음을 편히 가지고, 내면의 힘을 갖추는 정진을 부지런히 하자는 말씀을 다시 한번 간곡하게 드립니다.

마지막으로 항마진언을 같이 외우면서 마치도록 하

겠습니다. 항마(降魔), 병마를 항복받자는 의미로 항마 진언을 좀 외우겠습니다.

옴 소마니 소마니 훔 하리한나 하리한나 훔 하리한나 바나야 훔 아나야 혹 바아밤 바아라 훔 바탁.

내일 다시 뵙겠습니다.
관세음보살

無一우학
說法大典

# 8
# 가정기도 명상법

2020. 03. 07. 세계명상센터 보은전

관세음보살. 유튜브불교대학 시청자 여러분, 반갑습니다. 오늘은 제가 집에서 '기도하는 법' 에 대해 말씀드리겠습니다.
지금까지는 제가 "여러분, 기도 많이 하십시오." 하면서 아주 간단하게 "금강경을 한 번 읽으십시오."라고 하거나 또는 "관음정근을 30분 정도 하십시오." 이렇게만 말씀을 드렸습니다. 하지만 그것은 약식으로 하는 것이고, 오늘은 정식으로 가정에서 기도하는 법을 소개해 드리고자 합니다.

집에서 기도할 때는 새벽, 사시, 저녁, 각각의 때에 따라 그 패턴을 조금 나누어서 하시는 것이 좋습니다. 새벽에는 새벽 예불이 있고, 새벽 예불 다음에 기도하는 방법이 있습니다. 사시에는 예불은 없지만 사시 불공에 따라 기도를 하고 예경도 하는 의식이 있습니다. 그리고 저녁에는 새벽과 조금 달리 좀 더 간단하게 합니다. 각각의 때마다 간단하게 예불을 드리고, 자기 개인 기도를 하면 됩니다.

시간별로 이렇게 나누어서 하면 좋기는 하지만 번거

로운 면이 없잖아 있고, 또 재가불자가 집에서 이렇게 세 번을 모두 챙겨서 기도를 한다는 것은 대단히 힘든 일일 수도 있습니다. 한 번도 채 못 하는 불자들이 많은데 세 번을 얘기하는 것은 아무래도 좀 무리가 있습니다. 그래서 제가 예불과 기도를 아울러서 할 수 있는 방법, 즉 통상적인 방법을 소개해 드리겠으니, 하루에 한 번, 본인이 기도한다고 생각하고 이 방법을 한 번 취해 보시기 바랍니다.

먼저 예불을 하셔야 합니다. 예불이라 함은 오분향례 이후 '지심귀명례 삼계도사…' 이렇게 시작하는 그것을 말합니다. 혹시 불교 의식집이 있으신 분은 그것을 참고하시면 됩니다. 한국불교대학 大관음사 부속 출판사인 도서출판 좋은인연에서 나온 불교의범 20쪽에도 잘 나와 있습니다. 책을 펴놓고 같이 하시면 됩니다. 혹시 한글의식을 원하시는 분은 한글대로 하시면 됩니다. 유튜브 채널에 한국불교대학에서 녹화한 예불문 영상이 잘 정리되어 있으니 그것을 참고하셔도 좋겠습니다.

예불의 시작은 칠정례입니다. '지심귀명례'를 일곱 번 하는 칠정례를 하고, 그다음에 꼭 하셔야 하는 것이 천수경입니다. 천수경은 반드시 하셔야 합니다.

이 천수경의 대의(大意), 천수경의 큰 뜻이 무엇인가? 우리가 늘 천수경을 외우고 의식 때 하면서도 그 큰 뜻을 아는 분들은 많지 않습니다. 그래서 천수경의 대의(大意)를 제 나름대로 여섯 자로 정립하였으니, '수가피(受加被) 기자심(起慈心)'이라고 정리했습니다.

우리가 부처님으로부터 힘과 은혜를 받는 것을 가피라 하는데, 수가피(受加被)라, 즉 부처님 가피를 받음을 뜻합니다. 기자심(起慈心)이라, 즉 자비의 마음을 일으키는 것을 일컫습니다. 이것이 바로 천수경의 큰 뜻입니다. 의식 때마다 반드시 하는 천수경은 '부처님으로부터 가피를 받는 경이며, 내 마음 안에 있는 자비로운 마음, 자비심을 일으키는 경이다' 이렇게 정리하면 100퍼센트 딱 들어맞는 얘기입니다.

지금 유튜브를 통해서 법문을 듣는 모든 불자들은 의식집이 한 권 정도는 다 있을 겁니다. 어느 출판사에서 나온 것이든 상관없습니다. 모든 불자 의식집에는 기본적으로 천수경이 수록되어 있습니다. 그러니 그 안에 들어있는 천수경을 반드시 외우시기 바랍니다.

천수경에서 제일 핵심 중의 핵심은 바로 신묘장구대다라니입니다. 신묘장구대다라니는 뜻을 알 필요 없이 그냥 그 다라니 속으로 몰입하는 것이 가장 좋습니다. 몰입하면 될 일이지 뜻을 알려고 할 필요가 없습니다. 다라니 자체를 화두처럼 생각하시면 됩니다.

아무튼 천수경을 정성껏 외우시고, 그다음으로 절에서 하는 것처럼 정근을 하시면 됩니다. “관세음보살, 관세음보살, 관세음보살….” 이렇게 정근하시면 됩니다. 혹 자기는 평생 다른 부처님 명호를 외워왔다 하면 원래 하시던 대로 하십시오. 예를 들어 나무아미타불이라면 “나무아미타불, 나무아미타불, 나무아미타불….” 그렇게 외우시면 됩니다.

정근을 하신 후에는 본인의 가족 축원 기도문을 읽는 것이 좋습니다.

불교의범 468쪽에 보시면 기도 발원문이 나와 있습니

다. 이것은 '앙고 시방삼세 제망중중 무진삼보자존 불사자비 허수낭감…' 이렇게 시작되는 스님들이 절에서 하는 축원문을 제 나름대로 번역을 해 놓은 것입니다.

"나무 불 · 법 · 승

온 우주 법계에 충만 하사 아니 계신 곳 없으시고 만유에 평등 하사 자비의 구름으로 피어나신 부처님께 사뢰나이다.

참다운 실상은 형상과 말을 여의었건만, 감응하시는 원력은 삼천대천세계를 두루 덮으시고 단비 같은 팔만사천 법문으로 고해 중생 건지시니 행하는 일 성취됨은 맑은 못에 달그림자 같사옵니다.

대한민국 대구광역시 ○○구에 사는 불제자 ○○○는 간절한 정성으로 기도 올리오니…."

여기서는 기도 대상자의 태어난 연도와 이름을 말하는 것입니다. 만약 기도 대상자가 남편이면, 남편이 태어난 해와 이름을 말하시면 됩니다. 예를 들어 남편이 임오생이고 이름이 홍길동이라면, '임오생 홍길동의 사업발

전' 이런 식으로 하시면 되는데, 이와 같이 가족 수 대로 그의 이름과 그가 이루고자 하는 소원을 밝히면 됩니다. 각자 이루고픈 간절한 소원이 하나쯤은 다 있을 겁니다. 그 소원들을 낱낱이 열거한 뒤 마지막에는 다음과 같이 또 하시면 됩니다.

"부처님 이 모든 소원을 다 이루게 하소서!

부처님! 여기 불제자, 언제 어디서나 감사하옵고 세세생생 보살도 행하기를 서원하오니 자비광명으로 임하사 큰 공덕의 등불 되게 하소서.

관세음보살 관세음보살 관세음보살."

이렇게 기도 축원문을 읽는 것이 안 읽는 것보다 훨씬 낫습니다. 기도 축원문 한 번 읽는 것이 마음의 에너지를 더욱더 모으게 되기 때문입니다. 기도 축원문 읽고 그다음에 마지막으로 반야심경을 읽고 마치시면 됩니다. 이것이 바로 예불과 기도를 한꺼번에 묶어서 하는 방법입니다.

다시 말씀드립니다.

오분향례 예불로 시작하시면 됩니다. 칠정례라고 일컬어지는 예불을 하십시오. 예불문 읽고, 천수경 읽고, 정근해야 합니다. 관세음보살 정근한 뒤 기도자 본인의 가족 기도 축원문을 읽고 마지막으로 반야심경을 읽으시면 됩니다. 이렇게 다섯 가지를 하는 것이 가장 기본입니다.

이 기본을 하신 후에 금강경 독송을 매일 한다고 하면, 금강경을 뒤에 읽으시면 됩니다. 또는 나는 요즘 금강경 사경을 꼭 한다, 또는 법화경이나 화엄경 사경한다고 하면, 이것 역시 그 뒤로하시면 됩니다.

사경은 무시 때, 아무 때에나 하시면 됩니다. 그런데 늘 하는 예불 기도는 가능하면 시간을 좀 정해두고 하시면 좋겠습니다. 때때로 사정이 생겨서 정해둔 시간에 안 되는 날엔 다른 시간에 옮겨서 하실 수도 있겠지만 가능하면 시간을 정해서, 시간을 지켜서 하시는 것이 좋겠습니다.

정리하여 말씀드리면 그냥 기도를 할 때는 특별히 예불을 챙겨서 하지 않으셔도 됩니다. 하지만 예불을 같이

*세세생생 보살도 행하기를 서원하오니*
*큰 공덕의 등불 되게 하소서*

하고자 하실 경우에는 예불을 먼저 한 후에 개인 기도를 하시라는 것입니다. '나는 예불은 안 하고 기도만 할란다' 이런 경우에는 '천수경, 정근, 가족 축원, 반야심경' 이렇게 하시면 됩니다.

만약 그것도 번거롭다 싶으면 정근만 하셔도 됩니다. 관음정근을 한 시간이나 두 시간 시간을 정해놓고 외우시면 됩니다. 정근을 하시되 가끔은 관세음보살님을 찾는 주인공을 다시 보셔야 합니다. 그래서 제가 주창하는 선관쌍수(禪觀雙修), 관세음보살님을 또렷하게 관(觀)하면서 '관세음보살님을 관 하는 주인공은 무엇인가?' 여기까지 생각하신다면 참선, 화두 참선하는 것을 겸한 훌륭한 기도 명상이 되겠습니다. 이에 대해서는 후일에 다시 더 말씀을 드리도록 하겠습니다.

무일불교의범 247쪽 기도 발원문이 있습니다. 오늘은 이 기도 발원문을 한번 읽고 마치겠습니다.

우리의 생명은 언제나 광명의 빛이 나고 활기에 넘쳐 흐르며 희망 속에 있습니다.

불성 생명인 저에게는 아무런 고난도 없습니다. 인생은 문제의 제기와 해결의 연속입니다. 문제가 없다면 인생도 끝나는 것입니다 우리 앞에 당하는 모든 고난은 생명을 인식하고 생명을 확인하는 다시없는 소재이며 수행 과목입니다.

저는 의연히 전진합니다. 정진과 전진이 있을 뿐입니다. 비가 와도 좋고 눈보라가 내리쳐도 좋습니다. 볕이 내리쬐어도 좋습니다. 우리에게는 그저 행운만 있습니다. 고난의 현실 당하여 저희의 원력과 자비와 지혜는 더욱 증진하고 머무는 세계는 향상됩니다. 고난이 저희를 키워주므로 결코 불평 없이 밝고 늠름히 전진하겠습니다.

저는 하나가 아닙니다. 가족과 이웃과 민족 국가와 함께 있습니다. 우리는 서로 의지하고 있습니다. 저는 뚜렷한 자신의 존재를 통하여 모든 이웃과 아름답게 조화하겠습니다. 함께 기뻐하고 찬양하며 진리의 가르침을 전해주고 또 받으며 함께 만족하겠습니다. 설사 남을 위하여 신명을 바치더라도 후회하지 않겠습니다. 하물며

오해받거나 경멸당하거나 미움을 받거나 이용당하더라도 감사하겠습니다. 오히려 거기서 지혜와 자비와 큰 서원을 세우겠습니다. 참 생명인 불성의 공덕을 드러내고 구현하는 데 최선을 다하겠습니다.

부처님의 위신력과 가피를 입고 있는 불자이기에 저희가 희구하는 모든 착한 일들이 마침내 성취될 것을 확신합니다.

우주에 충만 하사 아니 계신 곳 없으시고 만유에 평등 하사 두루 살펴 주옵시는 제불 보살님이시여! 저희의 기원 굽어 감응하시와 증명하여 주옵소서. 끝없는 구원력으로 만 중생을 섭수하여 주시옵소서.

관세음보살 관세음보살 관세음보살

내일 다시 뵙겠습니다.

관세음보살

# 9
# 삿된 종교와 바른 종교

2020. 03. 08. 세계명상센터 보은전

관세음보살. 유튜브불교대학 시청자 여러 분 반갑습니다. 오늘은 '삿된 가르침의 종교와 바른 가르침의 종교를 어떻게 하면 알 수 있는가?', 즉 어떻게 구별해 내는가, 여기에 대해서 말씀을 드리도록 하겠습니다.

요즘 신천지교회와 같은 교회들로 인해 '과연 종교라는 것이 필요한가?'라며 회의를 느끼는 사람들이 많습니다. 종교를 바르게 믿고 높은 차원의 종교를 믿으면, 종교를 믿는 것이 우리 자신을 깨어있도록 하고 모두를 다 행복하게 하는 일이 되지만, 요즘 그것 자체가 많이 흔들리고 있습니다.

우리 부처님께서는 이미 오래전에 '이것이 옳은 가르침, 즉 정도(正道), 정법(正法)이다. 저것은 삿된 가르침, 즉 사도(邪道), 외도(外道)이다'라는 것을 구별할 수 있는 분명한 지침을 주셨습니다.

오늘 제가 삿된 가르침의 종교, 즉 삿된 종교에 대해 말씀을 드리겠다고 하면, 얼른 듣고는 '타 종교에 대해서 너무 비판적으로 얘기하는 것이 아닌가?' 이렇게 거부감을 느끼는 분도 없잖아 있을 겁니다. 그러나 현재 종교인들을 아주 다양하게 접하면서 살고 있는 우리는 잘못된 종교인들로 인해 바르게 종교를 믿고 있는 사람들도 정신적 피해를 입고 있는 것이 사실입니다. 그래서 제가 부처님의 말씀, 즉 깨달음의 소식에 기인해서 말씀을 드리려 하는 것입니다.

어느 종교를 배타하기 위해서 하는 것이 아니라, 고등 종교인 불교적 차원에서 부처님 말씀 그대로, 진리 그대로 전해 드리는 것을 전제함을 다시 한번 강조하는 바입니다.

불교에서는 법인(法印)이라는 말을 사용합니다. 마치 도장 찍듯이 '이것이 진리이다' 라고 말씀해 놓으셨으니, 그것을 삼법인(三法印) 또는 사법인(四法印)이라 말합니다. '제행무상(諸行無常), 제법무아(諸法無我), 일체개고(一切皆苦), 열반적정(涅槃寂靜)' 이 네 가지를 사법인이라 하며, 그 중 일체개고를 제외하고 삼법인이라 합니다. 오늘의 주제에서는 이법인(二法印), 즉 제행무상과 제법무아, 이 두 가지만 가지고 다루어도 충분할 것 같습니다.

먼저 제행무상(諸行無常)이라 함은 '모든 존재는 다 항상 함이 없다, 무상하다' 라는 뜻입니다. 무상(無常), 즉 항상 함이 없다는 것입니다.

"인간은 생로병사(生老病死)하고 우주, 즉 물질계는 성주괴공(成住壞空)하며, 정신계는 생주이멸(生住異滅)한다."라고 했습니다. 변하지 않는 것은 없다, 이것은 큰 진리입니다.

그리고 제법무아(諸法無我)라, '모든 존재는 고정된 나라고 하는 실체가 없다' 라는 것으로 무아(無我), 즉 영원한 실체라고 할 만한 '나(我)' 가 존재하지 않는다는 것입니다. 아주 단순하면서도 또한 어려운 말입니다.

제행무상(諸行無常) 모든 존재는 항상 함이 없고, 제법무아(諸法無我) 모든 존재는 나라고 할 만한 실체가 없다.

저는 오늘 이 제행무상, 제법무아 또는 일체개고, 열반적정에 바탕을 두고, '이러이러한 종교는 삿된 가르침을 펴는 종교이다, 사도(邪道)이다, 외도(外道)이다' 라는 것을 여러분들이 알아듣기 쉽게 구체적으로 하나하나 설명해드리려 합니다.

첫째, 자신들의 종교를 숨기는 종교는 사교(邪敎), 즉 삿된 가르침을 펴는 종교입니다. 자기 종교를 숨기는 것을 흔히 '장막을 친다' 라고 표현합니다. 숨기는 것은 무엇인가 본인들 스스로 문제가 있기 때문에 숨기고 숨는 겁니다. 이번에 대구시장이 아주 화가 났습니다. "신천지 신도들은 모두 다들 나와서 코로나 검사를 받으라." 라고 아무리 말해도 그 신도들은 숨어서 나오지도 않고 검사도 받지 않고 있어요. 그러니 시장 입장에서 얼마나 화가 나겠습니까?

아무튼 그렇게 자신들을 숨기고, 숨는 종교는 다 사법(邪法)이라고 볼 수 있습니다.

둘째, 과학성이 없는 종교는 사교, 즉 삿된 가르침을 펴는 종교입니다. 사교, 사법, 외도들은 과학성이라는 것이 없습니다.

제가 30대 초반에 걸망을 메고 유럽 만행을 한 적이 있었습니다. 그때 제가 로마의 아주 중요한 원형극장인 콜로세움 안을 관람하게 되었는데, 거기에 '조르다노 브루노(Giodano Bruno)' 라고 하는 사람의 기념비가 있었습니다. 브루노는 이탈리아의 과학자로, 지금으로부터 한 400, 500년 전 과학자입니다. 그 기념비에는 '브루노는 지동설을 주장하다가, 즉 지구가 태양을 돈다는 이런 지동설을 주장하다가 로마 교회에 의해 이 자리에서 산 채로 화형을 당했노라' 라는 설명이 있었습니다. 지금으로부터 400, 500년 전이면 그리 긴 세월 아닙니다. 그런데 그때 브루노는 과학을 얘기했다가 로마 교회의 말도 안 되는 교리에 의해 산 채로 화형을 당했습니다. 심지어 맞지도 않은 틀린 내용으로 말입니다. 즉, 과학성이 없고 객관성이 없다는 말입니다. 그와 같이 과학성이 없고 객관성이 없는 종교는 다 삿된 가르침의 종교라고 단언할 수 있습니다.

셋째, 육신의 영생(永生)을 믿고 있는 종교는 사교, 즉 삿된 가르침을 펴는 종교입니다.

생로병사(生老病死)는 필연적인 흐름입니다. 그런데 이 육신 이대로 '그대로 살 수 있다', '영생할 수 있다' 라고 하는 것은 참으로 어리석고 어리석은 말입니다. 여기에 대해서는 다른 이야기를 할 필요도 없이 '이 사람들이 정신이 있나? 없나?' 그런 생각이 들 정도입니다. 영생이 어디 있겠습니까? 그처럼 영생을 믿고 있는 종교는 다 삿된 가르침의 종교입니다.

넷째, 창조와 종말을 믿는 종교는 사교, 즉 삿된 가르침을 펴는 종교입니다.

기독교 안에서도 "저 사람들은 시한부 종말을 믿고 있기 때문에 이단이다." 이렇게들 말하는데 사실은 다 똑같습니다. 신천지교회니 무슨 교회니 하지만 우리가 보기에는 모두 하나님을 믿고, 신을 믿고 있으니 다 똑같다는 말입니다.

창조신을 믿고 있는 사람들이 따르는 그 성경을 보면, '누가 누구를 낳고 누가 누구를 낳고…' 이런 내용들이 나옵니다. 그런데 그걸 다 합쳐 보면 6,000년이 채 안 됩니다. 그래서 그들이 주장하는 창조 과학, 과학 창조에서는 인류, 지구, 혹은 우주의 전체 나이를 6,000년 이렇게 봅니다. 참으로 기가 찬 일이 아닐 수 없습니다. 지구 하나만 보더라도 지구 나이가 45억 년입니다. 6,000년이 웬 말입니까?

누가 창조했다 또는 누가 망하게 할 것이라는 그와 같은 생각이 문제입니다. 인간의 생각 속에 길흉화복(吉凶禍福)이 있고, 인간의 생각 속에 창조와 종말이 있는 것일 뿐, 그와 같은 것은 애당초 없습니다. 그와 달리 불교는 다 연기법(緣起法)입니다.

다섯째, 휴거를 믿는 종교는 사교, 즉 삿된 가르침을 펴는 종교입니다.

이 사람들은 휴거를 믿습니다. "재림 예수가 우리들을 휴거 할 것이다." 이렇게 말합니다. 휴거라는 말은 한문 표현으로 들어 '올릴 휴(携)' 자, '들 거(擧)' 자를 사용합니다. 즉 끌어올린다, 잡아 끌어올린다는 말입니다. 그래서 그들이 내세우는 휴거를 강조하고 설명하기 위해 나온 팸플릿을 보면 하늘로 끌어져 올라가는 것이 있습니다.

크게 잘못입니다. 지상에서부터 한 3,000미터만 올라가도 산소가 희박해서 금방 다 죽습니다. 그런 줄 알아야지요. 끌려 올라가면 죽는데 거기를 왜 올라갑니까? 허무맹랑하기 짝이 없는 그 휴거를 믿는 종교는 다 삿된 가르침의 종교입니다.

여섯째, 아주 이기적이고 배타적인 종교는 사교, 즉 삿된 가르침을 펴는 종교입니다.

아주 유명한 전쟁 중 하나인 십자군 전쟁은 이슬람교와 가톨릭교의 싸움입니다. 거기서 얼마나 많은 사람들이 희생되었습니까? 그리고 또 인도를 가보면 인도의 거의 모든 불교 성지가 이슬람, 무슬림에 의해 다 파괴됐습니다. 자기 자신들밖에 모르는 것이지요. 무슬림들은 아프가니스탄의 바미안 석불도 수년 전에 로켓을 쏘아서 완전히 파괴하였습니다. 이처럼 이기적이고 배타적인 종교는 다 삿된 가르침을 펴는 종교라고 보셔야 합니다.

일곱째, 자각(自覺)의 내공이 없는 종교는 사교(邪敎), 즉 삿된 가르침을 펴는 종교입니다.

## 모든 존재는 항상 함이 없고
## 모든 존재는 나라고 할 만한 실체가 없다

자각의 내공이 없다는 것은 인간의 선행과 의지를 무시한다는 것입니다. 그래서 그들은 모든 것은 신의 의지이자 신의 뜻이라고 합니다. 인간의 의지, 즉 인간의 뜻은 없다고 합니다. 그렇게 말하는 것은 다 사교이며, 사법입니다.

그들에게 "지금 문제가 되고 있는 이 코로나바이러스도 모두 하나님의 뜻이냐?" 이렇게 물으면 또 그것은 아니라고 대답합니다. 그건 궤변이지요. 자각의 내공이 없이 인간의 의지를 무시하는 종교는 삿된 가르침의 종교입니다.

여덟째, 반사회적이고 반국가적인 종교는 사교, 즉 삿된 가르침을 펴는 종교입니다.

사교일수록 반사회적이고 반국가적입니다. 그래서 민폐를 많이 끼칩니다. 지금과 같은 이러한 시국에는 절대 모여서는 안 됩니다. 모이면 서로서로 감염이 될 수 있어 큰 문제가 일어나므로, 국가에서 현재 국민들에게 모임을 자제해 달라고 하는 것 아니겠습니까? 국가에서 협조해 달라고 하면, 반드시 협조해야 합니다. 그런데 이

번 주에도 또 대형 교회를 비롯하여 많은 교회에서는 자기들대로 예배를 보겠다고 합니다. 그건 정말 말이 안 되는 행위입니다. 그것은 반사회적인 패악입니다.

불교를 한번 보십시오. 얼마나 조용한가요? 모두가 한마음으로 국가에 협조하기 위해 노력합니다. 한국불교대학 大관음사도 대구에서 신천지 교인이 확진 받았을 때부터 모든 법회와 강의를 일절 다 중단했습니다. 그렇게 하면 불교처럼 코로나 확진자가 늘어날 수가 없습니다. 절대 늘어나서도 안 되는 일이고요. 그 협조가 왜 안 됩니까?

아무튼 반사회적이고 반국가적이어서 민폐를 끼치면 그건 사교입니다. 삿된 가르침을 펴는 종교입니다.

아홉째, 재산을 사유화하는 종교는 사교, 즉 삿된 가르침을 펴는 종교입니다.

절대 재산을 사유화하지 않아야 합니다. 재산을 사유화하면 그것은 사교입니다. 재산은 공동체의 행복을 위해서만 쓰여야 합니다. 모두 다 시주 또는 헌금으로 이루어진 재정이기 때문에 그렇습니다. 만약 재산을 사유화

한다면 그 종교는 사교입니다. 삿된 가르침을 펴는 종교입니다.

전체적으로 다시 정리하여 말씀을 드리겠습니다.

종교라고 해서 다 똑같지는 않습니다. 저차원의 종교와 고차원의 종교가 있습니다. 그래서 다신교, 일신교와 같이 어떤 신이든 신을 믿는 종교들은 다 저차원이라고 볼 수 있습니다. 반면에 진리를 믿고 명상을 하며 자각(自覺), 즉 참 자아를 깨닫는 그런 종교들은 다 고차원적입니다. 저차원적인 종교일수록 삿된 가르침일 수 있습니다. 삿된 가르침일 때가 많다는 것입니다.

그렇다면 이렇듯 사교가 뒤섞인 세상 속에서 살아가고 있는 우리는 어떻게 살아야 하는지에 대해 살펴보지 않을 수 없습니다.

정법 정교, 즉 옳은 가르침의 종교가 앞장서서 사교를 믿는 이들을 개도(開導) 해야만 합니다. 그들을 바로 잡아야 합니다. 그런 입장에서 불교는 할 일이 대단히 많습니다. 가만있어서 될 일이 아닙니다. 삿된 가르침을 믿는 종교를 잘 타이르고 개도해서 정신이 들도록 하여 바르게 신앙할 수 있도록, 그런 삿된 믿음에 빠져서 허우적대지 않도록 건져내야 합니다. 그것이 바로 부처님의 제자, 정법 제자가 할 일입니다.

우리는 부처님 가르침을 믿고 따르는 정법 제자입니다. 정법 제자는 자부심을 갖고 자신감을 가지고 삿된 종교에 빠져있는 사람을 구제하는 그런 구제 원력의 보살행을 하셔야 합니다. 그래서 우리 스스로 이 세상은 본래 맑고 밝고 바르다는 것을 체험하면서, 그 체험한 것들을 이웃들에게 전파하고 가르쳐야만 합니다.

제가 다시금 간곡하게 말씀드립니다.

우리는 다 정법 제자, 일불(一佛) 제자, 부처님 제자로서 시대가 어려울수록 더욱더 열심히 정진하고 열심히 부처님 법 공부를 해서, 절대 삿된 가르침에 넘어가는 일이 없어야겠습니다. 그리고 내 가족이 삿된 가르침에 빠져서 힘들어하지 않도록 미리미리 포교하고, 미리미리 이웃들을 정법의 세상으로 들도록 잘 안내하시면 좋겠습니다.

관세음보살을 조금 외우면서 마치겠습니다.

관세음보살, 관세음보살, 관세음보살, 관세음보살, 관세음보살, 관세음보살, 관세음보살….

내일 다시 뵙겠습니다.
관세음보살

無一우학
說法大典

# 10
# 면역력을 높이자
## 코로나를 이기는 음식 12가지

2020. 03. 09. 세계명상센터 보은전

관세음보살. 국내외 유튜브불교대학 시청자 여러분, 반갑습니다. 오늘도 코로나바이러스에 대한 이야기를 좀 하겠습니다.

불교가 아무리 지고지순한 진리, 지고지순한 자리인 성불(成佛)이나 정토(淨土)를 지향한다고는 하지만, 그 모든 것에 앞서 가장 먼저 전제되는 것이 사실은 건강입니다. 육신(肉身)이라고 하는 이 법당이 튼튼해야 자기 안에 계신 자기 부처님, 즉 자성불(自性佛)이 건재할 수 있습니다.

어느 절에 조실이신 약산 유엄(藥山 惟儼)이라고 하는 조실 스님이 계셨는데, 돌아가실 때가 되자 스님은 옆에 있는 상좌들에게 "이 사람들아, 법당 무너진다!" 하고 고함을 질렀어요. 그러자 제자들은 전체 다 저만치 떨어져 있는 법당으로 쫓아가서는 법당의 추녀며, 서까래며, 법당의 대들보를 괴기 시작했습니다. 온갖 나무를 다 가지고 와서 잔뜩 괴었어요. 법당이 무너지면 안 되잖습니까? 그렇게 해 놓고 조실 스님 방으로 갔더니, 그 사이에 조실 스님은 앉아서 열반에 드셨다고 합니다. 말귀를 못 알아듣는 제자들은 법당이 무너진다고 하니까, 절에 법당 그것만 생각한 것입니다. 육신이 법당인 줄은 모르고 말이지요. 스님께서 '나는 이제 죽는다', '나는 이제 열반에 들겠노라' 그 뜻으로 하시는 말씀을, 그 말귀를 못 알아들었던 것입니다.

아무튼 우리는 육신이라고 하는 이 법당을 건전하게 튼튼하게 잘 지켜야 합니다. 그래야 내 안에 계신 부처님, 자성불, 자기 부처님이 건재할 수 있습니다. 그래서 이 코로나바이러스로부터 우리 법당을 어떻게 하면 잘 지킬 것인지에 대해서 얘기를 좀 더 하겠습니다.

만병의 근원은 바로 면역 체계의 부실이라고 봐도 틀림이 없습니다. 그러므로 면역 체계를 강화하는 일이 가장 중요합니다. 그러려면 균형 잡힌 식사가 되어야 하고요. 또 충분한 휴식이 있어야 합니다. 그리고 명상 등을 통한 스트레스 해소가 필수적입니다. 이 중에서도 균형 잡힌 식사가 제일 중요한데, 오늘은 거기에 대해서 초점을 맞추어서 코로나를 이기는 음식 12가지를 소개하겠습니다.

이것은 제가 늘 먹고 있는 음식이기도 하고, 또 최근에 코로나바이러스 때문에 학계에서 나온 자료를 좀 참고해서 말씀을 드리겠습니다. 제가 생각하기에는 이 12가지 식품만 잘 챙겨 먹어도 코로나바이러스는 이기지 않을까 싶습니다.

첫 번째는 물입니다.

물을 1.5리터에서 2리터 정도, 머그잔으로 8잔에서 한 12잔까지 마시라고 합니다. 한 15분이나 20분 또는 30분 간격으로, 그것도 따뜻한 물로 드시기 바랍니다. 찬물은 안 됩니다. 음식도 찬 음식은 안 좋아요. 따뜻하게 미지근한 정도보다 조금 더 데워서 한 30분 간격으로 드시면, 혹시 바이러스가 내 입안에 있다 할지라도 이 바이러스가 기도로 넘어가지 않고 식도로 넘어가서 위장에서 다 처리가 된다고 합니다.

두 번째, 차(茶)입니다.

특별히 코로나 예방 차라 하여 좀 말씀드리겠습니다. 재료는 생강, 대추, 금은화입니다. 인동초(忍冬草)라고도 하는 금은화가 중요한 재료입니다. 그다음 재료로 귤피가 필요합니다. 귤피는 귤껍질입니다. 또 감초와 파가 필요하고요. 그리고 원당 또는 흑설탕이 필요합니다. 이 재료들을 다 넣고 달이시면 차가 됩니다. 제가 마셔 보니 먹기에 전혀 거부감이 없이 잘 넘어갑니다. 이렇게 예방차를 달여서 드시면 바이러스 종류, 기관지 질환에 다 좋은 것 같습니다.

세 번째, 발효식품입니다.

된장, 간장, 김치, 청국장 등 발효식품입니다. 발효식품은 장 속에 있는 프로바이오틱스 같은 유익균을 성장시키는 데 도움이 된다는 연구 결과가 있습니다. 그러니 발효식품을 꼭 챙겨 드시기 바랍니다.

네 번째, 엽록소가 풍부한 녹색 식물입니다.

최근 영국 버밍엄 대학에서 케일, 시금치, 순무 나물, 겨자 나물 등 나물들이 엽록소가 풍부하여 코로나바이러스를 이기는 데 큰 도움이 된다는 연구 결과를 표하였습니다. 참고하시기 바랍니다.

다섯 번째, 죽염입니다.

죽염은 아홉 번 구운 소금을 말합니다. 특히 자죽염이라 하여 붉은 빛깔이 나는 자죽염이 좋습니다. 저는 죽염을 즐겨 먹는다고 하면 좀 그렇고, 좀 자주 먹는 편입니다. 보통 소금은 산성인데 죽염은 약알칼리성입니다. 제가 실험을 해 보니 일반 소금은 약산성 또는 산성이고, 죽염은 약알칼리성 내지 알칼리성이었습니다.

이 죽염은 염증, 만성 피로, 또는 항산화 등에 효과가 있다고 합니다. 또 면역력에도 좋고요. 게다가 이것이 백혈구의 숫자, 백혈구의 개체 수를 늘리는 데도 아주 좋다는 연구도 나와 있습니다. 그래서 저는 감기 기운이 좀 있다 싶으면 죽염을 꼭 챙겨 먹습니다. 지금 제가 먹고 있는 것은 알갱이 형태로 된 죽염입니다. 시중에는 가루로 된 죽염도 있는데, 가루는 물에 타서 마시면 됩니다. 가루로 된 것을 드시든 저처럼 알갱이로 된 것을 드시든지 간에 시간 간격을 두고 적당히 본인이 먹을 만큼 챙겨 먹으면 이 죽염의 효과를 볼 수가 있습니다.

여섯 번째, 이것 역시 좀 특별한 것으로 바로 마늘입니다.

절 집안에서는 마늘이 오신채에 들어간다고 해서 먹지 않는 음식입니다만, 사실 이 마늘이 몸에는 아주 좋다고 많이 알려져 있습니다. 단군 신화에서도 보면 곰이 마늘과 쑥을 먹고 웅녀가 되었다, 즉 여자가 되었다고 하잖아요? 아마도 마늘이 대단히 좋은 것이기 때문에 마늘을 먹으라고 했던 것 같습니다. 비록 그것이 전설이라 하지만 충분히 그렇게 생각할 수 있습니다.

그렇다면 제일 처음 절에서 마늘을 먹지 못하게 한 이유는 무엇이냐, 그 점이 대단히 궁금하실 겁니다. 왜 못 먹게 했을까? 그 이유와 관련하여 두 가지 이야기를 해 드리겠습니다.

첫 번째 이야기입니다.

부처님께서 비구니 스님들에게 명령하셨습니다.

"마늘을 먹지 말라."

그 이유는 다음과 같습니다.

하루는 마늘 농사를 짓는 거사가 그 근처에 사는 비구니 스님들에게 말했습니다.

"제가 스님들께 마늘을 시주하고 싶습니다. 제 밭에

오셔서 스님들의 인원수만큼 한 사람이 다섯 쪽, 다섯 뿌리씩만 가지고 가십시오."

그런데 비구니 스님들이 시주하는 사람의 마음은 생각지도 않고, 가지고 가라 하니까 남의 마늘밭을 그냥, 경상도 말로 아주 그냥 작살을 내놓은 것입니다. 남의 마늘밭을 아주 쑥대밭을 만들어 놓았어요. 그러니 마늘밭 주인의 입장에서 한번 생각해 보세요. 그 주인이 얼마나 기가 막혔겠습니까? 좋은 마음으로 시주하려 했을 뿐인데 그 마음이 무색하게 비구니 스님들이 마늘을 완전히 다 캐 먹어 버린 거예요.

속상한 마음에 마늘밭 주인은 부처님께 찾아가서 하소연을 하였습니다. 그러자 부처님께서 비구니 스님들을 불러서 말씀하시기를, "너희들은 앞으로 마늘 먹지 마라."라고 하셨다는 겁니다. 이는 율장(律藏)에 나오는 얘기입니다. 율장은 그냥 일반 보통 책이 아니라 오랜 옛날부터 율(律)을 전체 다 모아 놓은 책이므로 정확합니다.

다음 두 번째 이야기입니다. 그렇다면 비구 스님들은

## *나의 육신을 튼튼하게 하는 것이*
## *내 안에 있는 부처님을 튼튼하게 하는 일*

왜 마늘 못 먹게 했느냐에 관련된 이야기입니다.

부처님께서 한창 법문을 하고 계시는데 저만치서 한 비구가 자꾸 주머니에서 뭔가를 꺼내서 먹고 있는 것이었습니다. 그래서 부처님께서 그 비구를 불러 "지금 무엇을 자꾸 먹고 있느냐?" 하시니 "마늘을 먹고 있습니다."라고 대답하였답니다. 그러자 부처님께서 "너희들은 앞으로 마늘 먹지 마라." 하셨다는 겁니다.

참으로 재미난 이야기지요? 그런데 이것이 대승불교 쪽으로 넘어오고 또 한창 불교가 발전하면서 능엄경(楞嚴經) 같은 데서는 "마늘은 익혀 먹으면 강장 역할을 하여 음심(淫心)이 발동할 수가 있고, 날 것을 먹으면 화를 잘 내게 된다. 그러므로 마늘은 좋지 않다." 이렇게 기록하고 있습니다.

아무튼 어떤 이유에서 비롯된 것이든지 간에 이 절 집안에서는 마늘을 잘 안 먹고 있는 것이 사실입니다만, 지금 제가 소개해 드리는 것은 약재이기 때문에 약으로 생각하고 드시면 괜찮습니다.

마늘을 두고 일해백리(一害百利)라고 표현합니다. 일해백리, 즉 하나는 해롭지만 백 가지의 이익이 있다는 뜻입니다. 여기서 일해(一害), 마늘이 지닌 한 가지 해로움이라 하는 것은 바로 냄새를 말합니다. 외국에 나갔을 때 우리 한국 사람들이 더러 듣게 되는 기분 나쁜 말이 몸에서 마늘 냄새난다는 말이지요.

우리의 시조(始祖)인 단군 할아버지의 어머니 되는 사람이 누구입니까? 웅녀입니다. 그 웅녀부터 마늘을 먹었으니, 당연히 그 후손 몸에서는 마늘 냄새가 나겠지요.

아무튼 냄새라는 단점이 있긴 하나 그것을 제외하고는 100가지의 이로움이 있는 식품이라고 표현할 정도로 이 마늘은 건강식품입니다. 하지만 마늘이라고 하는 식품이 좋은 음식임에는 틀림없으나, 절에서는 일절 먹지 않습니다. 이것도 하나의 관행이요 관습이므로 저희 무일선원 무문관에서는 일절 오신채는 먹지 않습니다. 다만 오늘 이 법문은 우리 재가 신도들에게 소개해 드리는 것이니까, 그대로 잘 받아들이시면 좋겠습니다.

마늘에 대해 좀 더 말씀드리자면 마늘의 성분 중에서

도 알리신이라고 하는 성분이 대단한 역할을 한다고 합니다. 영국의 어느 연구소에서 연구 결과를 발표해 놓은 것에 따르면 "마늘을 적당히 먹으면, 먹지 않았을 때에 비해 감기의 발병률이 2.5배 낮아진다."라고 하였습니다. 이는 적당량의 마늘을 먹으면, 감기에 걸릴 가능성이 한 20, 30퍼센트 정도는 더 낮아진다는 말이잖아요? 따라서 마늘은 감기 예방 및 회복에 아주 큰 역할을 한다는 것입니다. 이처럼 마늘은 기관지, 바이러스에 아주 효과가 좋다는 것이 연구되어 있습니다.

이러한 마늘은 생으로 먹는 것보다 60도 이상의 고열로 마늘을 굽거나 삶는 것이 더욱 좋다고 합니다. 왜냐하면 고열로 마늘을 굽거나 삶으면, 첫째로 마늘 특유의 그 냄새가 날아간다고 합니다. 둘째로 알리신 성분이 더욱 더 약효를 발휘한다고 합니다. 즉, 냄새도 나지 않으면서 그 약효는 더욱 좋게 할 수 있다는 것입니다. 참고하여 챙겨 드시길 바랍니다.

일곱 번째, 버섯입니다.

버섯의 베타글루칸이라고 하는 성분이 엔케이(NK)

세포에 힘을 실어준다고 합니다. 대항 세포, 즉 면역 세포 중 하나인 엔케이 세포를 키워준다는 얘기입니다. 즉, 버섯을 먹으면 면역력을 키워주므로 결국에 우리가 바이러스에 걸리지 않을 확률이 높다는 말입니다.

여덟 번째로 소개해 드릴 식품은 제가 앞서 예방 차를 만들 때도 쓰이는 재료 중 하나로 소개해드렸던 식품입니다. 바로 생강입니다.

생강은 슈퍼 푸드라 해서 전 세계 사람들이 다 먹고 있습니다. 생강을 먹으면 체온이 올라갑니다. 체온을 올릴 수 있어서 아주 좋은 음식입니다. 이 생강은 물로 달여서 먹어도 되고요. 또는 편(片)으로 먹는 것도 괜찮습니다. 저는 편으로도 자주 먹고 물로도 자주 마시는 편입니다. 제가 언젠가 한 번 말씀드렸듯이 제가 백일해(百日咳)를 앓은 이후로 기관지가 약합니다. 그래서 저는 이 생강 종류를 자주 먹어요.

아무튼 이 생강은 면역세포의 일종인 T세포의 활동을 촉진시키는 데 큰 효능이 있다고 합니다. 생강의 진저롤이라는 성분이 그런 역할을 한다고 알려져 있습니다.

아홉 번째, 강황입니다.

강황도 제가 늘 즐겨 먹는 식품 중 하나입니다. 보통 울금이라고도 합니다. 이 강황의 커큐민이라고 하는 성분이 항산화제로서, 염증도 치료하면서 면역 체계의 단백질 수치를 증가시킨다고 합니다. 그래서 강황이 우리 몸 안에 들어온 유해 세균이나, 바이러스를 격퇴하는 데 큰 도움이 된다고 말합니다.

열 번째, 홍삼입니다.

인삼이나 홍삼 제품이 면역력을 키운다고 많이 알려져 있습니다. 홍삼, 인삼 속에 있는 진세노사이드라고 하는 사포닌이 혈행을 개선하고, 기억력을 좋게 하며, 피로를 회복시키고, 면역력을 증가시킨다고 합니다.

열한 번째, 비타민D입니다.

비타민D가 면역력을 증가시키기도 하지만 그것보다도 비타민D가 부족하면 바이러스성의 감기에 대단히 취약해진다고 합니다. 즉, 비타민D가 부족하면 지금 유행하고 있는 코로나바이러스 등 호흡기 질환의 상태가 대단히 위험해진다는 연구 결과가 있어요. 그러니까 비타민D가 풍부하게 내 몸 안에 있으면 이러한 호흡기 질환, 바이러스 등에 강할 수 있다, 호흡기 질환에 잘 안 걸린다는 말이지요. 그러므로 비타민D를 충분히 섭취해야 합니다.

비타민D 식품으로는 계란, 우유, 등 푸른 생선 등 있고, 또 햇볕을 쬐면 비타민D가 체내에서 합성된다고 합니다. 그리고 이미 영양제 형태로도 시중에 나와 있는 것이 있으니 그걸 먹어도 된다고 합니다. 아무튼 비타민D가 부족하지 않도록 하는 것이 중요합니다.

마지막, 열두 번째 단백질 제품입니다.

단백질 제품을 먹으라는 말들을 많이 합니다. 바이러스에 대항하는 항체 자체가 단백질로 구성되어 있다고 합니다. 그래서 단백질을 직접적으로 먹어 줌으로써 항체의 활동을 증가시킨다고 합니다.

단백질 식품으로는 우유, 두유, 두부, 콩, 치즈, 계란 등과 같은 것들이 있고요. 만일 불자로서 나는 동물성 단백질은 잘 못 먹겠다고 하면 콩, 두부를 드시면 돼요. 식물성 단백질로 얼마든지 충분히 드실 수 있습니다.

이상 이렇게 해서 열두 가지입니다.

이 열두 가지 식품을 잘 골고루 잘 드시면 면역력이 아주 강해지고 호흡기 질환에 대비한 항체가 많이 형성되어서 절대 코로나바이러스, 코로나19에는 걸리지 않을 것입니다.

서두에 제가 말씀드렸듯이 우리는 살아있는 동안에는 건강해야 합니다. 법당이 튼튼해야 합니다. 법당이 튼튼하지 않으면 그 안에 있는 부처님도 나약해집니다. 그러므로 우리는 '나의 육신, 나의 법당을 튼튼하게 하는 것이 내 안에 있는 부처님, 그리고 우주 법계에 계신 법신불(法身佛), 법계불(法界佛)을 튼튼하게 하는 일이다' 라고 생각을 해야 합니다.

죽으면 그만이지, 이렇게 생각하지 마시고 '살아있는 동안에는 건강하게 잘 유지를 해야, 법당이 튼튼해야 우리 부처님이 그 안에서 건재할 수 있다' 이러한 믿음을 갖고 건강하게 생활하기 위해 노력해야겠습니다. 우리가 집착할 것은 없겠지만 그래도 이 법당, 육신을 잘 가꿀 필요는 있습니다.

관세음보살 세 번 외우고 마치겠습니다.
관세음보살  관세음보살  관세음보살

내일 다시 뵙겠습니다.
관세음보살

# 11
# 절 잘하는 법

2020. 03. 10. 세계명상센터 보은전

관세음보살. 유튜브불교대학 시청자 여러분, 반갑습니다. 오늘은 '절 잘하는 법' 에 대해서 말씀을 좀 드리겠습니다.

하루는 한 신도님이 "스님, 절을 왜 절이라 하지요?" 라고 물으시기에 제가 말했습니다.

"제가 아까 보니 보살님 절 잘 하시던데요."

그러자 그 신도님이 눈치를 채고 "아, 그래서 절이라 하는군요." 하였습니다.

그렇습니다. 절(寺)은 바로 절(拜) 하는 곳입니다. 절은 공덕(功德)이며, 절은 참회(懺悔)이며, 절은 건강(健康)이며, 절은 삼매(三昧)입니다.

그런데 이 절을 집에서도 해도 될까요? 간혹 어떤 사람들은 "스님, 집에서 절해도 됩니까?" 라고 묻기도 합니다. 당연히 집에서 절해도 됩니다. 아무 문제가 없습니다. 가끔 어떤 사람들이 "스님, 집에서 절하고 이러면 또 다른 기운이 붙는 게 아닙니까? 제가 뭐 무당 되는 거 아닙니까?" 그런 헛소리를 하기도 합니다. 말 그대로 모두 헛소리입니다.

신행 활동이라고 하는 것은 가정이나 절이나 구별할 필요가 없습니다. 절에서 하던 것을 그대로 집에서 하셔도 됩니다. 그래서 제가 장려하는 것이 바로 정토 가정법당 만들기입니다. 집에 법당처럼 기도실을 여법하게 꾸미는 것입니다. 혹시 가정법당을 이미 만들어 놓으신 분은 그냥 하시면 되고요. '가정법당이 뭐지? 그건 어떻게 하는 거지?' 이런 생각이 드는 분은 한국불교대학 종무소로 문의(053-474-8228) 하시면 친절히 안내를 해 드리겠습니다. 가정법당이 있으면 더할 나위 없이 좋겠고, 그러한 법당이 없어도 집에서 절하시면 됩니다.

또 "스님, 절하는 방향은 어느 쪽으로 해야 합니까?" 하는데, 방향은 절하기 쉬운 방향으로 하시면 됩니다. 서 있는 방향이 다 다르다 보니 어느 한 방향을 꼭 집어서 말씀드리기도 어렵습니다. 그저 방 구조에 따라서 각자 절하기 쉬운, 본인이 가장 편한 방향을 보고 하시면 됩니다. 절을 직접 해 보면 대충 감이 잡힐 것입니다. 본인이 편하다 느껴지는 그쪽 방향으로 하시면 되지만, 그래도 마음이 찝찝한 사람은 본인이 다니는 절이 위치한 방향으로 하시면 되겠습니다.

"스님, 절할 때 어떤 의식이나 절차가 꼭 필요합니까?" 그렇게 묻는 사람이 있어요. 특별한 의식이나 절차 없이 그냥 하셔도 되는데, 꼭 '나는 무엇인가 한 것처럼 하고 싶다' 라고 하는 사람은 반야심경을 한 편 독송하고 절하시면 됩니다.

반야심경은 260자, 제목을 포함해서 270자의 짧은 경문입니다. 그래서 절에서 이루어지는 모든 행사에서 다 합니다. 약방의 감초라는 말을 쓰는데, 이 반야심경을 약방의 감초라고 할 수 있습니다. 그만큼 많이 쓰이는 경전이 바로 이 반야심경, 마하반야바라밀다심경(摩訶般若波羅蜜多心經)입니다.

반야심경의 대의(大意)는 '득지혜(得智慧) 향행복(享幸福)' 입니다. '지혜를 얻어서 행복을 누린다' 라는 뜻입니다. 이 또한 제가 만든 말로써 반야심경 전체 내용을 보았을 때 여섯 자로 정리한 '득지혜 향행복' 이 딱 맞습니다. 이 반야심경을 독송한 후에 절을 하시면 됩니다.

이렇게 절을 하는 것에는 그 목적과 의의가 있습니

다.

첫 번째로, 절은 찬탄, 공덕의 절입니다.

만약 사시불공 때 108 찬탄문으로 절을 하면 그것은 찬탄, 공덕의 절이 됩니다. 1998년 한국불교대학 大관음사에서는 마당에 계신 대원력관세음보살님을 모시면서 전 신도가 백일 동안 매일 1000배씩 해서 10만 배 기도를 한 적도 있습니다. '우리 모두가 감사하는 마음을 가지고 부처님 전에 절을 하자' 했습니다. 이것이 바로 찬탄, 공덕의 절입니다.

두 번째는 참회의 절입니다.

우리가 살다 보면 참회해야 할 때가 있습니다. 그때 하는 절입니다. 주로 자비도량참법(慈悲道場懺法)이나 자비수참(慈悲水懺)과 같은 경전 또는 책을 가지고 합니다. 자비도량참법이나 자비수참 기도는 현재 한국불교대학 大관음사의 모든 도량에서 신행하고 있습니다. 제가 후일 시간을 내어 참회하는 법에 대해서 구체적으로 말씀드리겠습니다. 그때 어떠한 연유로 이러한 참법(懺法) 기도가 나오게 되었는지 등을 자세히 말씀드리겠습니다.

세 번째는 수행의 절입니다.

절 자체가 수행입니다. 절하라는 것은 다른 말로 수행하라는 말입니다. 수행으로써 절을 하는 것에는 사경하면서 절을 하는 1자 1배의 방법도 있습니다. 또 제가 쓴 '삼천배 삼천부처님' 이라는 책을 가지고서 삼천배를 하는 방법도 있습니다. 또 우리가 사시불공 때 주로 하는 백팔대예참이 있습니다. 백팔대예참을 가지고 사시불공 때마다 108배 절을 할 경우, 매일 절하는 것이므로 그 또한 수행의 절이라고 볼 수 있습니다.

네 번째는 건강의 절입니다.

불자가 아닌 다른 종교인인데도 불구하고 집에서 절한다는 사람들이 있습니다. 그런 사람들은 바로 건강을 위해서 하는 겁니다. 유명한 요가 학자인 젠스 휴이트는 "절은 모든 요가의 완전한 집대성이다. 절보다 더 뛰어난 요가는 없다." 이렇게 말하기도 했습니다. 그만큼 절이 건강에 좋다는 것입니다. 면역력도 길러지고 오장육부가 다 좋아지게 하는 것이 바로 절입니다.

이와 같이 우리가 절을 하는 목적, 동기에는 네 가지가 있습니다. 찬탄하기 위해서, 참회하기 위해서, 수행하기 위해서, 건강을 위해서 우리는 절을 합니다.

다음으로 제가 절을 하는 방법에 대해 설명을 좀 하겠습니다.

첫 번째는 숫자를 세면서 하는 것입니다.

여기에는 108염주를 들고 하는 방법이 있습니다. 또 3000배씩 절을 하는 사람은 계수기를 들고 하기도 합니다. 그것도 무방합니다. 절은 절하는 자체가 수행이자 삼매이므로 정신을 바짝 차리고 몰입해서 해야 합니다. 집중해서 절을 해야 하는데 혼자 하다 보면 잡념이 많이 일어납니다. 그래서 잡념을 쫓고 집중력을 높이기 위해서 제가 옛날에 가끔 해 본 방법을 소개해 드리려 합니다. 그 방법은 다음과 같습니다.

처음 한 번 내려가서는 '하나' 하면서 절을 한 번을 합니다. 일어서서 두 번째 내려갈 때는 '108' 하고 내려갑니다. 세 번째 절을 하기 위해 내려갈 때는 '둘' 하면서 내려갑니다. 네 번째 절에서는 '107', 그다음 할 때는 '셋', 그다음에 '106', 이렇게 하면서 하다 보면 숫자를 놓치지 않으려고 정신을 바짝 차리게 됩니다. 그렇게 한번 해 보시길 바랍니다.

두 번째는 시간을 정해놓고 하는 방법입니다. 보통 절을 천천히 하면 108배를 다 하는데 30분 정도 걸립니다. 빨리하는 사람은 108배를 15분에도 합니다. 그래서 대충 평균 잡아서 한 6시간에서 8시간 동안 계속 절을 하면 3000배를 할 수 있습니다. 좀 빨리하는 사람은 6시간, 좀 늦은 사람은 8, 9시간 걸립니다. 시간을 좀 넉넉하게 잡아서 한 8시간 두고, 페이스를 그대로 지키면서 천천히 계속 절을 하면 한 3000배 정도 할 수 있습니다. 그러면 숫자 세는 데 신경을 덜 쓰고 오로지 절만하게 되므로 그것도 좋은 방법입니다.

세 번째는 경을 읽으면서 절하거나 사경하며 절하는 것입니다. 사경 책을 놓아두고 글자 한 글자 쓰고 한 번 절을 하는 것을 1자 1배라고 합니다. 1자 1배의 원칙으로 한 글자 쓰고 한 번 절하는 그런 방법이 있고요. 사경을 하지 않더라도 아까 말씀드렸던 '삼천배 삼천부처님' 과 같은 책을 보면서 부처님 명호를 외우며 하는 방법도 있습니다.

이 세 가지 방법 중 어느 것이든 본인 마음에 드는 방법을 선택해서 절하시면 됩니다. "나는 무릎이 아프고 다리가 아파서 도저히 절을 할 수가 없어요." 하시는 분들은 앉아서 하시면 됩니다. 유튜브에서 '우학스님' 혹은 '유튜브불교대학' 이라고 검색하시면 제가 녹음한 '백팔찬탄문' , '백팔대참회문' , '백팔대예참문' 영상들이 있습니다. 그 영상 중에서 원하시는 것을 틀어놓고 합장하고 앉아 계시다가, 절을 하는 시점에 고개를 숙이면서 반 배로 같이 절하고, 또 두 번째 절할 때도 그렇게 해서 108번 끝까지 함께 하시면 그 역시 절하는 것이 됩니다.

유튜브 방송을 안 듣고도 할 수 있는 방법은 백팔찬탄문이나 백팔대참회문을 앉아서 읽으면서 "아뇩다라삼먁삼보리 부처님" 이렇게 외우면서 앉아서 반 배를 하면서 하셔도 됩니다. 무릎이 아파서 몸으로 절을 할 수 없는 상황이므로 앉아서 반 배를 하시면서 끝까지 하는 것 역시 몸으로 전체 절하는 것과 같은 비중으로 간주할 수 있습니다.

이렇게 정성 들여서 절을 하면 어떤 효과가 있을까요? 절의 효과는 앞에서 이미 얘기했던 절을 하는 목적, 동기, 그 의의와 비슷비슷한 얘기이지만 조금 다른 측면에서 말씀드리겠습니다.

첫 번째는 절을 자꾸 하다 보면 하심(下心)이 됩니다. '범유하심자(凡有下心者) 만복자귀의(萬福自歸依)' 라는 말이 있습니다. 무릇 하심 하는 사람은 만복이 스스로 들어온다는 뜻입니다. 제가 "BTN에 올려진 초발심자경문 강의를 꼭 좀 들어보시라."라고 말씀을 드리는데 이 초발심자경문에 이 말이 나옵니다.

"범유하심자(凡有下心者)는 만복(萬福)이 자귀의(自歸依)라. 무릇 하심 하는 사람은 만복이 저절로 귀의해 온다."

절을 하면 하심이 되고 복이 들어옵니다. 혹시나 해

서 다시 말씀드립니다. BTN에 들어가서 '우학스님'을 검색하면 제가 한 강의들이 잘 편집되어 올려져 있습니다. 그중 초발심자경문이라는 강의가 있습니다. 25번에 걸쳐서 한 것인데 요즘처럼 법당에 못 나오시는 이런 때에는 집에서라도 하루에 한 개씩 꼭 들으셔야 합니다. 여러 번 들어도 다 기억이 안 되는데 한 번조차 안 들으시면 되겠습니까?

두 번째로 절을 하면 번뇌 망상을 없앨 수 있습니다. 앉았다 그러면 졸음이 쏟아지고, 앉았다 그러면 번뇌 망상이 일어나는 사람들은 절을 하시면 됩니다. 그러면 번뇌 망상을 많이 없앨 수가 있습니다.

세 번째는 지혜, 아이디어를 얻을 수 있습니다.

제가 언젠가 황우석 박사로부터 들은 얘기입니다. 본인은 일이 좀 안 되고 생각이 막히면 늘 다니는 경기도 전등사에 가서 밤을 새워 절을 한다고 합니다. 절을 하다 보면 어떤 생각이 떠오른다는 겁니다. 그것 참 맞는 말씀입니다. 우리가 어떤 일이 잘 안 풀리고 답답할 때 절을 하다 보면 절 속에서 어떤 답을 얻을 수 있습니다.

오늘은 절을 하는 것에 대해 말씀을 드렸습니다. 이 법문을 들으시고 '아, 절을 하는 것은 참으로 좋은 것이구나' 하는 생각이 드신다면 오늘부터 절을 해 보시는 것도 참 좋겠습니다.

하지만 처음서부터 하루에 108배를 하면 허벅지에도 무리가 갈 수 있고 다리에 알이 밸 수 있습니다. 그러니까 처음서부터 많이 하시지 말고, 처음에는 21배 하십시오. 21배를 한 일주일 정도 하시고, 그다음에 하루에 21배씩 2번을 하시고, 또 그다음 주에는 하루에 21배씩 3번을 해 보십시오. 그렇게 해서 108배까지 가시게 되면 그때부터는 매일 하루에 108배를 하십시오.

아까 말씀드렸다시피 절하는 것은 건강에도 좋거니와 복을 불러들이는 것이요, 공덕을 짓는 일입니다. 마음공부 함에 있어서 절을 하는 것 만한 것이 없습니다. 절을 즐겁게, 기꺼이, 재밌게 하는 불자들이 되시기를 바랍니다.

관세음보살을 세 번 외우고 마치겠습니다.

관세음보살 관세음보살 관세음보살

내일 다시 뵙겠습니다.

관세음보살

無一우학
說法大典

# 12
# 무문관의 생활

2020. 03. 11. 세계명상센터 보은전

관세음보살. 유튜브불교대학 시청자 여러분, 반갑습니다. 오늘은 무문관 생활에 대해 소개를 좀 하려 합니다.

요즘 코로나바이러스로 인해 집집이 모두 무문관이 되었습니다. 제가 가끔 연락을 받다 보면 절 무문관처럼 완벽하게 폐쇄된 것이 아님에도 불구하고 집에서 하게 된 무문관 생활이 너무나 갑갑하고 사는 것이 재미가 없다고들 말합니다. 하지만 무문관 생활을 잘만 하면 나름 아주 의미가 있고 재미있습니다. 그래서 제가 오늘은 무문관의 본체, 본래 모습의 무문관을 제대로 소개해 드리겠습니다.

제가 무문관을 세우게 된 직접적인 계기는 저의 무문관 체험에서 비롯됩니다. 제가 2004년도에 백담사 무금선원 무문관에서 동안거(冬安居) 한 철 동안 정진을 했었습니다. 그때 공부를 하면서 무문관은 토굴과 대중 선방의 단점을 보완할 수 있는 아주 좋은 참선 정진 도량이라는 것을 크게 느꼈습니다. 그래서 동안거 해제 후 돌아오자마자 작업을 해서 2005년 동안거부터 감포도량 무문관 선방을 개원했습니다.

감포도량 무문관은 제가 특별히 마음을 내어 지은 곳으로 저도 다부지게 공부하고, 또 많은 스님들의 공부를 돕기 위해 지어졌습니다. 세 개의 동으로 이루어진 이곳은 스님들도 정진하고 재가 불자들도 정진할 수 있도록 잘 되어 있습니다. 해를 거듭할수록 이곳은 명실상부 아주 실속 있는 도량으로 거듭나고 있습니다.

저 또한 여기서 2013년도부터 3년간 씩 정진을 쭉 해오고 있습니다. 2013년에서 2016년 1차 정진을 할 때는 바깥으로 아예 나오지 않았습니다. 완전히 폐문하여 문을 완전히 걸어 잠그고는 그 안에서 머리카락도 길게 길러가며 정진을 했었습니다. 그 이후로 2차, 3차 계속 이어지고 있습니다. 올해(2020년, 불기 2564년)로 제3차 3년 무문관 정진 결사, 2년 차에 접어들고 있습니다.

우리나라에 많은 선방이 있지만 무일선원 무문관처럼 3년을 작정하고 모든 것을 다 내려놓고 들어와서 정진하는 '3년 정진 결사 도량은 여기가 유일합니다. 지금도 열두 분의 스님들이 열심히 정진하고 있고, 가끔 보살님들과 거사님들도 들어와서 정진합니다. 재가불자들도 오셔서 정진하시라고 늘 방을 2, 3개씩 비워둡니다. 이 방송을 들으시고 무문관에 들어가서 정진을 하고 싶다 하시는 분은 B.U.D 세계명상센터 무일선원 무문관의 종무소로 전화(054-753-8228)를 주시면 방을 내어 드리겠습니다.

무문관은 무문관대로의 청규(淸規)가 있습니다. 청규란 '맑을 청(淸)' 자 '규칙 규(規)' 자로 '청정성을 유지하기 위한 규칙', '청정 대중들이 지켜야 할 규칙' 이라는 말입니다. 세속으로 말하면 집단생활을 함에 있어 '서로 이렇게 하자' 하고 내놓은 규칙을 말합니다.

무일선원 무문관의 청규는 다음과 같습니다.

(1) 묵언한다.
(2) 독서나 취미생활은 가급적 삼간다. 조사 어록은 제외한다.
(3) 휴대폰 사용은 할 수 없다.
(4) 옆방 정진에 피해를 주는 소리 지음을 조심한다.

(5) 포행 마당에서 울타리 틈으로 옆 사람과 의사소통 할 수 없다.

(6) 술, 담배, 마약을 절대 금한다.

(7) 기타 제반 사항은 옛 청규와 율장에 준한다.

(8) 위 사항 위반 시 퇴방 조치를 당할 수 있다.

제일 첫 번째가 묵언이고, 마지막에는 '이 청규를 지키지 않을 시에는 퇴방 조치할 수 있다' 이렇게 해 놨습니다. 들으면 좀 살벌한 것 같기도 하고 그렇지요? 하지만 대중들이 살아감에 있어서 이 정도는 같이 지켜줘야지 다 함께 재미있게 정진할 수 있습니다.

여기에 조금 더 부연해서 말씀드리면 무일선원 무문관은 일체 오신채를 사용하지 않습니다. 그리고 일종식(一種食), 즉 하루 한 끼 먹습니다. 공양은 오전 11시에 들어갑니다. 그리고 다음 날 오전 9시에 공양 그릇, 즉 식기를 수거하여 2시간 동안 반찬과 밥을 다시 담아서 11시에 또 공양을 넣어 드립니다. 이렇게 공양은 원칙적으로 하루 한 끼 먹는 일종식으로 이루어집니다.

"스님, 아침과 저녁에 배가 고프면 어떻게 합니까?"

하실 수도 있습니다. 그 양이 많지는 않지만 소량의 과일을 같이 조금 넣어 드리니 중간에 배가 고프면 그것을 드시면 됩니다.

그리고 청소 시간, 운동 시간에는 아무래도 옆방에 조금 소리가 날 수도 있습니다. 소리 지음이 될 수도 있지요. 그래서 약간의 소리 지음이 허락되는 시간을 오후 4시-5시로 통일하여 정해 두었습니다. 그 시간에는 전체 무문관 공통으로 운동도 하고 청소도 할 수 있도록, 소리를 조금 내어도 무방한 시간을 별도로 이렇게 잡아 놨습니다. 청소하다 보면 먼지 터는 소리, 옷 터는 소리 등이 날 수도 있잖아요? 그런 것들을 모두 감안하여 따로 이렇게 시간을 맞춰 놨기 때문에 다른 시간대에는 일절 다른 소리가 나지 않아야 합니다. 이 시간에는 줄넘기 등 운동을 하는 사람도 더러 있습니다. 그렇게 어쩔 수 없는 소리 지음이 허용된 그 시간이 4시-5시로 딱 지정이 되어 있습니다.

또 "안에 있는 사람들이 바깥과 소통은 어떻게 합니까? 다 묵언하는데 어떻게 의사소통을 합니까?" 이것이 또 궁금하실 수도 있습니다.

그것은 쪽지로 합니다. 공양을 넣고 공양 식기를 거둘 때 배식이 이루어지는 봉창 문을 열게 됩니다. 그 문을 열 때 안에서 필요한 것이 있으면 쪽지로 주문하면 됩니다.

예를 들어 몸이 아파서 불편하다면 '몸이 조금 불편합니다. 체한 것 같은데 혹시 소화제 없습니까?' 하고 쪽지가 나올 수도 있습니다. 또 어떤 분들은 '저는 망고를 먹지 않습니다' 이렇게 쪽지로 내놓기도 합니다. 여하튼 그것을 보고 준비를 새로 하기도 하고 도와드리기도 합니다. 그렇게 모든 의사소통이 쪽지로 이루어집니다.

물론 들어와서 공부하는 스님들은 모두 조계종 스님들입니다. 재가자의 경우에는 머무는 기간이 4일, 5일이 넘어가면 생활비를 내야 합니다. 단, 무문관 후원회인 선방후원회 가족분들에 한 해, 1박 2일 또는 2박 3일 정도는 그냥 공부할 수 있도록 배려해 드립니다.

선방을 구경하고 싶은 사람들은 1년에 두 차례 기회가 있습니다. 가장 큰 행사는 해맞이 법회 때입니다. 양력 12월 31일 선방 전체를 돌아볼 수 있습니다. 그리고 한국불교대학 大관음사에 1학년으로 처음 들어오시면 '1학년 신입생으로서 한국불교대학 大관음사의 중요한 수행처 중 하나인 무일선원 무문관은 반드시 한 번은 봐야 한다' 라는 생각으로, 신입생들에게 5월이나 6월경에 모든 도량의 1학년 신입생들에게 무문관을 전체 한 번 보여드립니다.

그냥 바깥쪽으로 선방 전체를 한 번 돌아보는 것일 뿐이지만 그 안에서는 스님들이 공부를 하고 있는 중이므로 선방을 구경할 때는 반드시 다 묵언해야 합니다. 아무튼 그러한 큰 행사가 무일선원 무문관에서 이루어집니다.

무문관에서는 어떤 서원을 세워야 하며, 무문관에서는 주로 어떤 수행을 하는가?' 하는 것도 궁금하실 겁니다. 여기에 대해서는 제가 만든 '무문관 사홍서원' 을 통해 말씀드리겠습니다.

첫째, 육근(六根)의 문을 잘 닫아서 스스로 잘 지켜라.

제가 만든 말 중에 '수문견성(守門見性), 문을 잘 지켜야 자기 성품을 본다' 라는 말이 있습니다. 수문(守門), 문을 잘 지킨다고 했을 때 문(門)은 육근(六根)의 문입니다. 따라서 수문(守門)이라 함은 안(眼) · 이(耳) · 비(鼻) · 설(舌) · 신(身) · 의(意) 이 육근의 문을 잘 지키라는 것입니다.

우리의 눈을 보면 마치 대문과 같습니다. 눈꺼풀을 닫으면 안 보이고 눈꺼풀을 열면 보이지요? 문(門)이라 그렇습니다. 보려면 반드시 눈을 통해서 볼 수밖에 없습니다. 그래서 눈을 문이라고 하는 것입니다. 그와 같이 귀도 문이요, 혀도 문이요, 코도 문이요, 몸도 문이요, 생각도 문입니다. 안 · 이 · 비 · 설 · 신 · 의, 즉 눈 · 귀 · 코 · 혀 · 몸 · 생각이 다 문입니다.

이러한 문을 잘 지키고 문을 잘 닫아놓기 위해 무문관에 들어가는 것입니다. 무문(無門)이라 하면 문이 없다는 말입니다. 문이 왜 없느냐? 문을 완전히 폐쇄하였기 때문에 문이 없습니다.

그런데 진정 문이 없으려면 어떻게 해야 하느냐? 자

기가 가지고 있는 여섯 가지 감각기관, 즉 안 · 이 · 비 · 설 · 신 · 의, 눈 · 귀 · 코 · 혀 · 몸 · 생각이라고 하는 이 감각기관을 완전히 닫았을 때, 진정한 무문관 생활이 되는 것입니다. 집의 문만 잠가 놨다고 해서 무문관 생활이 아니라, TV도 다 끄고 가능하면 감각기관을 거의 사용하지 않고 그 안에서 참선 기도를 했을 때, 비로소 내 방이 진정 무문관이 됩니다.

둘째, 먹을 때 잘 먹고, 잘 때 잘 자자.

무문관 안에 있어 보면 더러 사고가 납니다. 더러 실성할 때가 있습니다. 그것은 몸이 부실해서 그럴 수가 있고요. 또 폐쇄된 공간에 오래 있다 보면 생각이 조금 오작동을 할 때가 있습니다. 그래서 제가 세운 두 번째 무문관 사홍서원이 '먹을 때 잘 먹고, 잘 때 잘 자자' 입니다. 자는 것은 꼭 정해진 것은 아니지만 불빛이 바깥으로 새어 나가니 어느 정도 약속은 되어야 합니다. 그래서 '3시에 일어나서 가능하면 10시에는 취침하자' 이것이 무문관 취침시간과 기상 시간입니다. 그렇게 무언의 약속이 되어 있습니다.

## 守門見性, 육근의 문을 잘 지켜야 자기 성품을 보리…

셋째, 허리 안 아파서 절 잘하고, 참선 잘하기.

허리가 아프면 절도 안 되지만 앉아서 하는 좌선도 안 됩니다. 그러므로 늘 운동을 통해서 허리 관리를 해야 합니다. 윗몸일으키기를 하든지 또는 제가 말씀드리는 '허리 튼튼 명상'을 하든지 간에 허리를 튼튼하게 해야 합니다. 그 안에서 절을 하는 사람도 많습니다. 절도 좋은 수행입니다. 하루에 1000배씩 꼭꼭 하는 사람도 있고, 500배, 108배는 기본이고, 절을 곁들여서 참선 기도, 사경하는 분도 더러더러 있습니다.

넷째, 눈 건강해서 사경 잘하고, 조사 어록 잘 보기.

그 안에서는 조사 어록을 틈틈이 봐야 합니다. 육조단경 등 조사 어록이 내 공부의 방향을 잡아 주고, 내 공부를 점검해 줄 때가 있습니다. 그래서 스님들은 자기가 좋아하는 조사 어록, 참선의 지침서를 한두 권 가지고 있습니다. 늘 자기 자신을 점검하고 자기 자신을 닦는 역할로써 조사 어록을 가지고 있는데, 그것을 좀 잘 보려면 눈이 밝아야 합니다. 그래서 눈이 건강해야 한다는 것입니다.

어떤 분들은 그 안에서 사경을 하루에 한 시간 정도 할 때가 있습니다. 저도 무문관 안에 있을 때는 사경을 한 시간 정도는 꼭 했습니다. 조사 어록도 틈틈이 봤고, 절도 한 400, 500배 정도 하였습니다.

그 이외의 시간은 거의 참선 시간입니다. 좌선(坐禪)을 하거나 행선(行禪)을 하면서 화두를 드는 등 대부분이 참선 시간입니다. 무문관에 들어오는 가장 큰 이유 중 하나가 바로 참선 시간을 많이 가지기 위함이니 참선을 다부지게 해야만 합니다.

무문관 사홍서원에서는 대부분 다 건강을 얘기하고 있습니다. 이대로 건강해야 합니다. 건강하면 반드시 우리가 바라던 일을 성취할 수 있습니다.

그렇다면 무문관에서 우리는 무엇을 해야 할까요? 다시 말해 무문관의 종지(宗旨)는 무엇일까요? 무일선원 무문관에서 추구하는 큰 뜻이 있으니, 그것을 종지라고 합니다. 선방 안으로 들어가는 금강문(金剛門) 위에 있는 주련에다가 제가 큰 글씨로 종지를 써 놨습니다.

견성성불(見性成佛) 제도중생(濟度衆生)

무문관에 들어온 이상 어쨌든지 간에 깨달음을 이루어야 합니다. 견성성불(見性成佛) 해야 합니다. 견성성불을 한 다음에는 반드시 제도중생(濟度衆生) 해야 합니다. 무문관에서 깨달음을 이루었으면 나와서는 제도중생, 중생제도해야 한다는 것입니다. 무엇인가 중생에게 득이 되는 행위를 해야 합니다.

모든 수행의 요체가 그러하지만 무문관 수행의 큰 종지 또한 견성성불 하는 것입니다. 성품을 보아서 부처를 이루는 것, 그래서 나름 성품을 보고 부처가 되면 그다음에 꼭 해야 하는 것이 바로 제도중생입니다. 일체 이웃을 제도하는 것, 일체의 이웃 중생들을 부처님 세계로 또는 열반의 세계로 안내하는 것. 그것이 무문관 수행의 종지입니다.

무일선원 무문관은 수행하기에 그 여건이 매우 좋습니다.

첫째는 관광지가 아니라서 사람들의 소리가 거의 나지 않습니다. 너무 조용하고 좋아서 공부하기에 안성맞춤입니다. 그래서 최적의 무문관이라 자부합니다.

둘째는 해풍(海風)과 산풍(山風)이 만나는 지점이 되어서 기운이 아주 맑고 좋습니다. 산 기운과 바다 기운을 같이 느낄 수 있는 곳이라서 공기가 좋은 것은 말할 것도 없고, 기운이 많이 솟습니다.

마지막 셋째로 이곳은 죽림(竹林)입니다. 죽림, 즉 대나무 숲입니다. 처음부터 대나무가 있었던 것은 아니고, 무문관을 열 때 대나무를 아주 많이 심었습니다. 대나무에서 뿜어내는 피톤치드를 생각하면서 인위적으로 죽림을 만들었습니다. 이처럼 잘 조성된 죽림 속에 있으므로 건강에도 큰 도움을 받을 수 있습니다. 이곳 무문관은 피톤치드가 많이 나오기 때문에 이곳에서 지내면 건강해질 수 있다고 제가 자신 있게 말씀드릴 수 있습니다.

불교대학을 1992년도에 열고 참 많은 일을 했지만 그 중에서도 무일선원 무문관을 연 것이 그래도 가장 보람 있었던 불사가 아닌가 하는 생각을 합니다. 스님들이 공부를 다부지게 해서 인천(人天)의 스승이 되었을 때, 이 세상이 좀 더 밝아지고 이 세상이 좀 더 맑아지고 하는 것 아니겠습니까? 그러니 무문관 수행처가 얼마나 중요합니까?

무문관은 한국불교대학으로써도 아주 중요하지만 한국불교 전체적으로 보더라도 대한민국에서 유일하게 3년간 정진하는 도량이기 때문에 아주 큰 상징성이 있으며 대단히 중요한 곳입니다.

무일선원 무문관은 모든 신도님들의 많은 동참과 큰 관심 속에서 아주 안정적으로 운영되고 있습니다. 많은 스님들이 무문관에 들어오려고 지금도 줄 서 있습니다. 3년에 한 번씩 사람이 바뀌는 거니까, 경쟁률이 얼마나 치열하겠습니까? 또 온갖 것 다 내려놓고, 마음도 내려놓고, 욕심도 내려놓고 3년이라는 시간 동안 이곳에 와서 정진하겠다는 스님이 그만큼 많다는 것은 아직은 한국불교가 희망이 있다는 것이겠지요.

무문관은 우리 모든 불자들의 수행처라는 생각으로 모두 다 관심을 가져주시면 좋겠습니다.

내일 뵙겠습니다.
관세음보살

無一우학
說法大典

# 13
# 불교 종단이 많은 이유

2020. 03. 13. 세계명상센터 보은전

관세음보살. 유튜브불교대학 시청자 여러분, 반갑습니다.

오늘은 특별한 주제, '종단이 많은 이유'에 대해서 말씀드리겠습니다. 비록 다른 종교의 이야기이지만, 요즘 이단이니, 사이비니 해서 말들을 많이 하지요? 그렇다면 우리 불교의 경우는 어떨까요? 오늘은 그 점에 대해 말씀을 드리고자 합니다.

현재 대한민국에는 크게 6대 종교가 있습니다. 첫째는 불교, 둘째는 개신교, 세 번째는 가톨릭, 네 번째는 원불교, 다섯 번째는 유교, 마지막 여섯 번째는 천도교입니다.

그럼 불교 안에 종단은 몇 개가 있느냐? 대한불교조계종과 같이 종(宗) 자가 붙는 종단이 몇 개 되느냐, 한 500개 정도 됩니다. 그 중 조계종이라는 이름이 붙은 것은 약 서른 개 됩니다. 대한불교조계종, 한국불교조계종, 동방조계종 등 별별 조계종이 다 있습니다. 그러한 조계종을 '유사 조계종'이라고 말합니다. 그 중 진짜 오리지널은 바로 대한불교조계종입니다. 이 대한불교조계종은

계를 받기도 힘들지만 공부도 아주 빡빡합니다. 거기에 대해서는 조금 있다가 다시 구체적으로 설명해 드리겠습니다.

조계종 이외에 한국불교에 있어서 중요한 종단으로 자리 잡고 있는 종단은 천태종, 태고종, 진각종 정도라고 보시면 됩니다.

그렇다면 종단은 왜 이렇게 다양하게 생겨났을까요?

첫째는 개인의 견해 차이, 즉 보는 관점의 차이로 인해 종단이 다양하게 생겨나게 되었습니다. 개개인의 견해에 차이가 있다 보니 부처님 말씀을 해석함에 있어서도 그 관점의 차이가 있었습니다. 그에 따라 종단이 생겨난 것입니다.

좀 더 이해를 돕기 위해 불교의 시대별 변천사에 대해 간략하게나마 살펴보는 것이 좋겠습니다. 불교는 근본불교 시대를 시작으로 부파불교 시대를 거쳐, 현재의 대승불교 시대로 이어집니다. 부처님 입멸 후 100년까지가 근본불교 시대입니다. 그 후 한 300, 400년까지를 부파불교 시대라 하고, 부파불교 시대를 지나 대승불교 시대라고 합니다.

근본불교 시대에는 부처님의 근본정신이 잘 살아있고 교리에 대한 이설도 별로 없었습니다. 그런데 부파불교 시대에는 한 가지 사안을 두고도 많은 이론, 즉 다른 이론들이 다양하게 나타납니다. 그러다 보니 소위 학파와 비슷한 것이 나타나게 됩니다. 그것을 부파라 합니다. 부파가 등장함에 대한 이해를 돕기 위해서 간단히 예를 들어 드리겠습니다.

'소금은 놔두었다가 다음 날 먹어서는 안 된다' 라고 하는 계율이 있습니다. 옛날에는 탁발에 의지해서 살다 보니 탁발을 하다 보면 소금을 조금 넉넉히 시주를 받는 수도 있고, 소금을 받은 그날 날씨가 덥지 않아 소금을 다 소비하지 못하는 경우도 있었습니다. 계율에 소금을 보관했다가 다음 날 먹으면 안 된다고 하였는데, 소금이 남아버렸으니 난감한 상황입니다.

만일 부처님이 계신다면 부처님께 남은 소금을 처리하는 방법에 대해 여쭤보면 되지요. 그럼 부처님께서

"오늘 날씨가 덥지 않아 소금이 많이 남았느냐? 그럼 그 남은 것은 내일 먹도록 해라." 이렇게 하실 수도 있었을 것입니다. 또 부처님 대신 교단을 이끌었던 마하가섭 존자나 아난존자 등 이런 분들이 계신 시절까지만 해도 그 분들께 여쭤보면 되니 큰 문제가 없었습니다.

그런데 그런 어른들마저 다 돌아가시고 교단의 지도자가 특별히 없다 보니, 예시로 든 이런 소금을 먹는 문제를 가지고도 다양한 견해가 나타났습니다.

어떤 사람은 "절대로 계율을 어기면 안 된다. 소금을 버렸으면 버렸지 다음날 먹을 수는 없다."라고 하는 사람이 있는가 하면, 또 어떤 사람은 "사람이 융통성이 있어야지, 그 소금이 얼마나 귀한 것인데 버리긴 왜 버리는가? 놔두었다가 내일 먹든지 모레 먹든지, 날 더울 때 땀날 때 먹으면 되지." 이렇게 주장하며 소금을 저장해 두는 사람도 있었습니다. 이렇듯 크고 작은 문제들을 가지고 서로서로 갑론을박하다 보니 분파가 생기게 됩니다.

처음에는 상좌부와 대중부로 갈라졌습니다. 그러다가 상좌부는 11개의 분파를 거느리게 되고, 대중부는 9

개의 분파를 거느리면서 총 20분파가 생겨났습니다. 이로써 부파불교 시대를 맞이하게 되는 것입니다.

종단은 부파불교 시대와 비슷한 현상들로 인해 종단으로 다양하게 생겨난 것입니다. 예를 들어 중국에서는 그 견해에 따라 '오가칠종(五家七宗)'이라 하여 다양한 종단이 생겼습니다. 이처럼 종단이 생기게 되는 가장 중요한 사건이나 계기는 바로 견해의 차이 때문입니다.

두 번째는 소의경전(所依經典)에 따라서 종단이 생겨나게 됩니다.

어떤 사람은 "우리는 소의경전, 즉 우리가 주로 의지하는 경전으로 금강경(金剛經)을 삼겠다."라고 하고, 또 어떤 사람은 법화경(法華經), 또 어떤 사람은 화엄경(華嚴經) 등 개개인이 소의경전으로 삼는 경전에 차이가 있었습니다. 그래서 어떤 경전을 소의경전으로 삼느냐에 따라서 그 경전을 중심으로 종파가 생겨나기도 했습니다.

세 번째는 선(禪)·교(敎)·율(律)에 따라서 종단이

생겨나게 됩니다.

불교를 정리하는 많은 방법 중에서 선 · 교 · 율을 기준으로 불교의 정의를 내리는 방법이 있습니다. 선(禪)은 마음 닦는 것을 말하고, 교(敎)는 부처님의 말씀을 뜻합니다. 율(律)은 불자들의 행동거지입니다. 그래서 이 선 · 교 · 율은 불교 전체의 개념을 정리함에 있어 꼭 필요한 테두리입니다. 무엇이든지 선 · 교 · 율에 포함될 수밖에 없습니다. 선 · 교 · 율은 나름대로 각각의 특징이 있습니다. 그래서 스님들이 참선을 좋아하면 선종(禪宗)을 열게 되고, 교리를 좋아하면 교종(敎宗)을 열게 됩니다. 계율을 좋아하면 율종(律宗)을 열게 되었습니다. 이처럼, 선 · 교 · 율에 따라 그 종파가 달라지는 것입니다.

네 번째는 마지못해 생계유지 때문에 삶의 방편으로 자기가 종단을 만드는 수도 있습니다. 이에 따라 종단이 생겨나기도 합니다.

대한불교조계종 외 특별한 종단 몇 개를 빼고는 모두 최근에 만들어진 것입니다. 모두 생계유지 때문에 나왔다 해도 틀린 말은 아닙니다. 현재 우리는 다종교 시대에 살고 있고 또 불교 안에서도 다 종파 시대에 살고 있습니다. 그러므로 다른 종파의 특징에 대해서도 조금 살펴보는 것이 좋은 일이라고 봅니다.

첫 번째, 태고종입니다.

1954년 이전에는 태고종과 조계종이 같이 있었습니다. 그래서 큰 절 안에는 결혼해서 사는 스님도 있고 독신 비구승도 있었습니다. 그러나 1970년도에 태고종이 별도의 종단으로 등록을 하게 되면서 조계종과 분리되어 나가게 됩니다.

태고종은 승려의 결혼에 대해서는 말하지 않습니다. 그래서 대처(帶妻), 즉 부인을 두는 것을 인정합니다. 또 사설사암(私設私庵)이라 하여 자기 재산을 가지는 것을 인정합니다. 사설 사암의 인정, 이것이 좀 특별합니다. 이것을 두고 어떤 사람은 "일본 불교의 잔재가 아니냐?" 이렇게 말하는 사람도 있는데 거기에 대해서는 연구를 좀 더 해 보아야 알겠습니다. 태고종 스님들은 홍가사, 즉 빨간 가사를 입고 기도하고 예경합니다.

두 번째, 천태종입니다.

천태종은 단양 구인사를 본부로 삼고 있고, 묘법연화경(妙法蓮華經)을 소의경전으로 삼고 있습니다. 상월 원각이라고 하는 스님께서 직접 자신이 토굴에서부터 시작해서 만든 종단입니다. 상월 원각이라 하는 스님은 아주 대단한 사람임에 틀림없습니다. 1967년부터 시작했으니 그리 오래된 세월은 아님에도 불구하고 각 도시에 가서 조금 큰 절이 있다 싶으면 천태종 절입니다. 서울의 관문사, 부산, 대구, 밀양 등 큰 도시마다 다 천태종 절이 있습니다. 시내에 주로 있는데 아주 방향을 잘 잡은 것 같습니다.

세 번째, 진각종입니다.

진각종은 밀교 종단입니다. '옴 마니 반메 훔' 을 외우는 종단인 진각종에는 불교로 말하면 법사가 있습니다. 이 법사의 성격은 목사와 비슷합니다. 그래서 법문할 때는 법복을 입고 나와서 법문을 하되, 평상시 생활할 때는 그냥 양복을 입고 넥타이를 매도 관계없습니다.

조계종과 달리 진각종에서는 반드시 결혼을 해야 합

니다. 진각종의 남자 성직자를 '정사', 여자 성직자를 '전수'라고 하는데, 이들은 반드시 결혼을 해야 합니다. 남자든 여자든 결혼을 해야 정사가 되고 전수가 될 수 있습니다.

제가 아는 사람의 자제분이 공부를 해서 여기 들어갔는데, 결혼을 안 하니 정사가 될 수 없었습니다. 결혼할 때까지 정사가 되지 못하는 것입니다. 아마 자기들 나름대로 어떤 생각이 있으니 그렇게 하는 모양입니다. 아무튼 진각종에서는 반드시 결혼을 해야 함을 그 원칙으로 합니다.

이러한 진각종은 1947년 회당(悔當) 손규상이라고 하는 사람이 만든 종파입니다. 울릉도 태생으로서 울릉도에 성지가 있다고 합니다. 기존 불교를 개혁하자고 해서 나온 불교입니다. 조계종의 법당을 대웅전(大雄殿)이라 하듯이, 진각종의 법당 이름은 심인당(心印堂)입니다. 주로 대일경(大日經), 금광명경(金光明經) 등을 소의경전으로 삼고 있습니다.

여기까지 불교에서 조계종 이외에 다른 종파에 대한

설명을 드렸습니다. 덧붙여서 참고적으로 원불교에 대해 말씀드리겠습니다.

많은 분들이 질문하시는 것 중 하나가 "원불교(圓佛教)는 불교입니까? 불교가 아닙니까?" 입니다. 제가 서두에 말씀드렸지요? 6대 종교라 할 때, 불교와 별도로 원불교가 따로 있었습니다. 그래서 6대 종교 모임에 원불교가 독립적으로 나옵니다. 원불교가 독립적으로 이렇게 나올 수 있는 것은 불교 안에 있지 않기 때문에 그렇습니다. 즉, 원불교는 불교가 아니라는 말입니다.

원불교라 함은 원을 신봉하는 불교, 또는 부처님은 모시지 않고 원을 그려놓고 그 원을 상징적으로 모시는 불교인데, 그 자세한 뜻은 나중에 말씀드리겠습니다. 그래서 원불교에서는 부처님 오신 날을 그렇게 챙기지 않습니다.

우리 불교의 교주(教主)는 석가모니 부처님이십니다. 그러므로 부처님 오신 날이 돌아오면 교주이신 석가모니 부처님께서 태어나심에 대해 축하를 하면서 행렬을 하고 등을 달고 하는 것입니다. 하지만 원불교는 부처님 오신 날을 그렇게 챙기지 않으니 불교가 아닌 것입니다. 대신 원불교를 창종 했던 소태산 박중빈을 교주로 삼고 그의 탄신일을 챙깁니다.

아무튼 원불교는 불교가 아닙니다. 이러한 원불교 학교로 유명한 학교로는 원광대학교가 있습니다. 원불교도 세계 곳곳에서 활동하고 있는데 미국 뉴욕에도 원불교 교당이 있습니다.

원불교의 성직자를 지칭하는 명칭은 교무라고 해서, 남자 교무가 있고 여자 교무가 있습니다. 남자 교무는 결혼을 해도 되고 안 해도 됩니다. 하지만 지금까지는 여자 교무는 정여라 하여 절대로 결혼하면 안 된다고 합니다. 그런데 세월이 좀 바뀌다 보니 2019년도에 법이 바껴 정여도 결혼하고 싶으면 결혼을 할 수 있고, 결혼한 후에도 정여 성직자 생활을 할 수 있다고 합니다. 또 불교의 경전을 전혀 보지 않는 것은 아니지만, 자신들의 교주인 소태산 박중빈의 말씀이 담긴 어록을 주로 모시고 있습니다.

이렇듯 원불교는 일원상을 모시기는 하지만 불교의

정통과는 조금 다릅니다. 따라서 원칙적으로 말하자면 원불교는 불교의 범주 속에 들어오지 않는다고 볼 수 있습니다.

마지막으로, 조계종입니다.

말도 많고 탈도 많은 조계종입니다. TV 뉴스에 간혹 나오지 않습니까? 화투 치다가 걸리기도 하는 등 온갖 사건들이 많이 있습니다. 왜 그런가? 사람이 많다 보니 그렇기도 하고, 또 별의별 사람들이 모여 있는 곳이 승가집단이다 보니 그렇습니다.

하지만 썩어도 준치라는 말이 있듯이, 그래도 많은 이들이 "그래도 믿을 것은 조계종밖에 없지 않은가?"라는 말들을 많이 합니다. 왜 그런 소리를 들을 수밖에 없는지 조계종에 대해서 살펴보겠습니다.

우선 조계종은 철저한 독신주의를 지향합니다. 자식이 있으면 수행도 잘 안되거니와 나중에 재산 문제로 인해 삼보정재(三寶淨財)가 다 없어질 수 있다고 보기 때문에 철저한 독신을 요구합니다. 또 사유 재산을 인정하지 않습니다. 철저한 독신이어야 하고 재산은 모두 전체 재산으로 묶어 놓습니다. 조계종으로 출가하는 스님들은 출가할 때 '모든 재산은 내 것이 아니고 다 대한불교조계종 것이다' 라고 각서를 씁니다. 즉, 나는 재산 가지지 않겠다는 각서를 써야 합니다.

또 정식 스님이 된 이후에는 10년마다 한 번씩 승려분한신고를 합니다. 올해 2020년이 승려분한신고를 하는 해입니다. 이 승려분한신고는 10년마다 하는 것으로 등·초본 등을 제출하여 결혼하지 않았다는 것을 증명해야 하고요. 다시 재산을 가지지 않겠다는 재산에 대한 유언장을 승려분한신고를 할 때마다 씁니다. 이렇듯 개인의 사유 재산을 일체 인정하지 않기 때문에 조금은 청빈하다고 볼 수도 있습니다.

조계종은 6조 혜능 스님이 계셨던 보림산 뒷산인 조계산(曹溪山)의 이름을 따서 현재 조계종(曹溪宗)이라고 말합니다. 이는 6조 혜능 스님의 법을 잇고 있다는 것으로 선종(禪宗)의 맥을 잇고 있다는 것입니다. 조계종은 선종, 즉 참선하는 종단이다 이 말입니다.

이러한 대한불교조계종이 추구하는 큰 뜻, 종지(宗

旨)가 있습니다. 종지라 함은 종단이 추구하는 큰 뜻, 종단이 추구하는 큰 사상을 일컫습니다.

대한불교조계종의 종지는 크게 세 가지입니다.

첫째, 직지인심(直指人心)입니다. 사람의 마음을 곧바로 가르친다, 즉 네 마음을 똑바로 보라는 것입니다.

둘째, 견성성불(見性成佛)입니다. 성품을 보아 부처를 이룬다는 말입니다.

셋째, 전법도생(傳法度生)입니다. 법을 전하여 중생을 제도합니다.

이 세 가지가 대한불교조계종의 종지입니다. 직지인심이나 견성성불을 보면 '아, 대한불교조계종은 선종 사찰이구나' 하는 것을 충분히 알 수 있습니다. 그리고 또 늘 염두에 두는 것이 '우리는 전법도생, 법을 전하여 중생을 제도하는 일을 잊어서는 안 된다' 고 가르칩니다.

어찌 보면 지난번에 말씀드렸던 무일선원 무문관의 종지와 비슷하지 않습니까? 무일선원 무문관의 종지도 견성성불과 제도중생이라 하였잖습니까? 제도중생과 전법도생은 같은 말입니다.

이처럼 대한불교조계종은 아주 철저한 규칙 청규(淸規) 속에서 철저한 공(公)살림, 공적 재산을 범위로 삼고 있고, 또 그것을 10년마다 한 번씩 점검하며 관리합니다. 그 속에서 개인의 다부진 정진과 세상에 널리 회향하는 것을 강조하는 종단입니다.

어느 종단에 가야 할지 잘 모르겠다고 한다면 그냥 옛날부터 전통적으로 내려오는 종단을 찾는 것이 좋습니다. 전통적으로 내려오는 종단은 조계종이지만, 꼭 굳이 조계종이 아니더라도 그 살림살이를 잘 살펴보고, 그 스님들의 사는 모습이나 역량을 잘 보면 '아, 이 절은 괜찮겠다' 하는 생각이 들 겁니다. 그런 인연 맞는 절에 가시면 됩니다.

그래도 '나는 조계종 사찰에서 공부를 하고 싶다. 대한불교조계종이 가장 정통적인 종단이 아니냐?' 라고 한다면, 자기가 지금 인연 맺고 있는 또는 인연 지으려고 하는 절이 조계종 정식 등록 사찰인지를 잘 보셔야 합니다. 간판만 봐서는 잘 알 수가 없습니다. 요즘은 돈만 주면 간판을 다 만들어 주지 않습니까? 간판 달았다는 것을 가지고 시비 거는 사람 많지 않습니다. 조계종 총무원에서 일일이 다 조사할 수도 없고요. 그래서 단순히 간판만 봐서는 알 수 없습니다.

일단 예를 들어 '대한불교조계종 무일선원', '대한불교조계종 대관음사' 이렇게 간판이 붙어 있어야 합니다. 그리고 절의 모든 재산이 대한불교조계종에 귀속되어 있는가를 보아야 합니다.

또 스님들이 중요하므로 스님들이 조계종 통합 수계를 했는지가 중요합니다. 스님들이 사찰을 운영하고 있으므로 그 사찰 스님들의 '성향이 어떠한가?', '어떤 공부를 했는가?' 그것은 대단히 중요합니다.

대한불교조계종 스님은 반드시 조계종단에 이름이 등록되어 있으니, 언제 수계했는지, 법명은 어떠하며, 통합 수계한 적이 있는지 반드시 따져 보셔야 합니다. 스님들이 동안거, 하안거 철 따라 선방을 다니면서 참선을 하는데, 그렇게 다닐 때에도 선방에 반드시 승려 번호 또는 본사가 어딘지를 다 적어 내도록 되어 있습니다. 요즘은

다 컴퓨터로 하기 때문에 금방 다 알 수 있습니다. 그래서 꼭 굳이 대한불교조계종에 다니고 싶으신 분들은 이런 절차를 밟아서 하나씩 살펴보시는 것이 좋습니다. 그리하면 분명합니다.

큰 전통 사찰, 큰 종단, 대한불교조계종에 다니다 보면 큰 문제나 사고는 일어나지 않습니다. 요즘 다른 종교에서 이단이니 사이비니 그런 말들이 많이 나오는데, 불교도 그런 면이 없지 않아 있습니다. 그러므로 대한불교조계종 종명이 붙어 있는가, 그 종단에 등록되어 있는가, 그 사찰의 스님들이 대한불교조계종의 정식 스님인가, 이러한 것들을 면밀히 살펴보시라는 것입니다.

오늘은 종단이 많은 이유에 대해 말씀을 드렸습니다.

종단이 왜 이렇게 많은가? 다시 한번 정리하여 말씀드리면, 첫째로 견해에 따라 부파불교가 나오듯이 종단이 생겼습니다. 둘째는 소의경전에 따라서 종단들이 생겼습니다. 참고로 대한불교조계종의 소의경전은 금강경입니다. '금강경은 어떤 사상을 가지고 있는가?' 에 대한 것은 후일에 또 말씀드리겠습니다. 셋째는 선·교·율의 성향에 따라서 종단이 생겨났습니다. 넷째로 생계유지, 삶의 방편 따라서 종단이 우후죽순으로 많이 나오게 되었습니다.

다종교 시대, 불교 안에서도 다양한 종파 속에서 살고 있지만 우리는 언제나 깨어있는 정신으로 아주 똑바른 안목과 인식으로 종교뿐만 아니라 종단을 잘 선택할 필요가 있지 않겠는가 생각합니다. 현명한 불자, 그 절에 다니면서도 후일에 후회하지 않는 그런 불자들이 되시기를 바랍니다.

내일 다시 뵙겠습니다.
관세음보살

# 14
# 출가의 길

2020. 03. 14. 세계명상센터 보은전

관세음보살. 유튜브불교대학 시청자 여러분, 반갑습니다. 오늘은 '출가의 길' 이라는 제목 하에 말씀을 좀 드리겠습니다.

먼저 '출가(出家)해서 스님이 되면 무엇이 좋은가?' 부터 말씀드리겠습니다.

첫째, 개인 시간이 많습니다. 물론 그 개인 시간을 어떻게 활용하느냐는 그 스님의 자질 문제입니다.

둘째, 돈이 별로 안 듭니다.

셋째, 스트레스를 받을 일이 많지 않습니다. 스트레스를 받을 일이 많지 않다는 것은 처자식 등 인연의 굴레에서 많이 벗어나 있다는 것입니다.

넷째, 건강에 좋습니다. 규칙적인 생활을 하고 맑은 공기를 마실 수 있는 절이 많기 때문에 건강에 좋을 수밖에 없습니다.

다섯째, 마음공부를 실컷 할 수 있습니다. 참선이나 기도를 마음껏 할 수 있습니다.

여섯째, 자기 개발을 할 수 있습니다. 자기 개발을 하는 데 방해됨이 없습니다. 요즘 보면 SNS를 통한 활동을 하는 스님들도 있고, 노래하는 스님도 있고, 붓글씨 쓰는 스님도 있고, 또 시나 소설을 쓰는 스님도 있고 별의별 다양한 재능을 가진 스님들이 많이 있습니다.

일곱째, 보통 일반 불자에게는 동안거, 하안거 등을 나면 결제비를 받지만, 오히려 스님들은 자기 수행 실컷 하고 해제비라 하여 용돈까지 받을 수 있습니다.

여덟째, 대오견성(大悟見性), 즉 크게 깨달을 수 있는 가능성이 열려 있습니다.

이처럼 출가를 하는 것은 대단히 좋은 일임에도 불구하고 정작 출가를 실행하는 사람은 많지 않습니다. 왜냐하면 출가의 조건이 조금 까다롭기 때문입니다.

출가의 조건에 대해 알아보겠습니다.

첫째로 만 50세 미만이어야 됩니다. 가끔 우리 도량에도 전화가 와서 출가를 하고 싶다고 해서 그 사람의 나이를 물어보면 55세, 60세를 넘고 그렇습니다. 세상 살다가 너무 힘들기도 하고, 또 살다 보니 이제야 인생을 알 것 같아서 뒤늦게 출가하려 하지만 나이가 이미 넘어선 것입니다. 조계종에서는 은퇴자 출가라 하여, 만 65세까지는 출가할 수 있다는 예외 조항을 두기는 했습니다마는, 이것도 또한 만만치 않습니다. 조건이 까다롭습니다. 아무튼 보통 스님들은 만 50세 미만이어야 합니다.

둘째는 혼인이 되어 있지 않아야 합니다. 만일 혼인 중에 있다면 이혼을 해야 하는데 그것도 예사 문제가 아닙니다.

셋째는 몸에 문신이 있거나 다른 병이 있으면 안 됩니다.

넷째는 중대 범죄의 이력이 있으면 안 됩니다. 중대 범죄라 하면 살인 또는 강간과 같은 이력이 있으면 절대 안 됩니다.

다섯째 고졸 이상의 학력이 꼭 필요합니다. 만약에 학력 때문에 문제가 되면 절에 와서라도 검정고시와 같은 방법으로 학력을 반드시 보충해야 합니다.

요즘 와서 출가자가 아주 급감하고 있다며 난리입니다. 그래서 출가 조건들이 너무 까다로운 것이 아니냐는 얘기들을 합니다. 하지만 제가 봤을 때 이 정도는 아주 기본 조건인 것 같습니다. 아무튼 이러한 출가 조건을 만족하여 이제 출가가 되었습니다.

출가하게 되면 먼저 행자 생활을 하게 됩니다. 행자 생활은 한 6개월 정도 됩니다. 예전에는 1년도 하고 2년도 하고 3년도 했는데, 이제는 한 6개월 정도 합니다. 행자 생활 동안 남자는 주로 밤색의 옷을 입고 여자는 주로 노란색의 옷을 입고서 생활합니다.

6개월에서 한 1년 사이 지나가면 사미계를 받습니다. 사미계를 받으면 사미의제(沙彌衣制)라 해서 옷에 띠를 두른 수행자, 즉 예비 수행승이 됩니다. 이 예비 수행승도 옛날 같으면 다 스님인데 요즘 와서 세분해 놨습니다. 지금의 법에 따르면 사미의제를 해야 하고, 그 상태로 4년간 공식 교육기관에 들어가서 교육을 받고 나면 사미의제도 떼고 정식으로 스님이 됩니다. 사미의제를 한 상태로 교육을 받는 4년 교육기관은 총 4군데 정도가 있습니다.

첫째는 강원입니다. 큰 절에 보면 경전을 강의하는 강원이 있습니다.

둘째는 중앙승가대학이 있습니다.

셋째는 기본 선원이 있습니다. 참선을 반쯤 하고 교학을 반쯤 하는 곳입니다.

넷째는 동국대학교입니다. 서울 캠퍼스든 경주 캠퍼스든 상관없습니다.

아무튼 이러한 공식 교육기관 4군데 중 어느 곳이든 한곳을 선택하여 4년간 공부를 하고 나면 비로소 비구계를 받아 정식 스님이 되는 것입니다.

참고로 군법사, 즉 스님으로서 군 장교로 갈 사람이 있다면 중앙승가대학이나 동국대학에 진학해야 합니다. 군에 갔다 오지 않은 사람이 후일에 군 장교로 가려면 중앙승가대학이나 동국대학으로 진학하여, 그곳에서 시험을 쳐야 합니다. 거기서 잘 되면 군 법사, 군 장교로 갈 수 있습니다.

사미계를 받고 한 4, 5년간 수행을 잘 해서 이력을 다 마치게 되면 드디어 비구계(比丘戒), 즉 구족계(具足戒)를 받게 된다고 했습니다. 그 뒤로는 자기가 하고 싶은 공부 쪽으로 전공하시면 됩니다. 그 후로는 자유인이다 해도 틀림이 없습니다.

다음으로 스님들이 살아가는 여러 가지 모습을 좀 살펴보겠습니다.

첫째, 교역직이라 해서 종무 일을 보는 스님이 있습니다.

둘째, 주로 선방(禪房)을 다니며 참선하는 스님들이 있습니다.

셋째, 율원(律院)에 나가서 율(律)을 익히면서 율사(律師)가 되는 경우도 있습니다.

넷째, 강원에서 더더 수련을 해서 강사가 되거나 학교 전공 공부를 더 해서 교수가 되는 방법도 있습니다.

다섯째, 염불을 열심히 해서 염불하는 스님으로 평생을 사는 수도 있습니다.

물론 이것저것 다 하면 좋겠지만 시간이 잘 안되니 이렇게 나눠서 하는 것입니다. 사실 스님들은 팔방미인이 되어야 합니다. 즉 참선도 좀 해야 하고, 강의도 할 수 있어야 하고, 염불은 말할 것도 없고요, 종무 관계도 알아야 하는 것입니다.

어쨌든 비구계를 받고 나면 좀 자유로워집니다. 물론

이 비구계를 받고 나서 더 열심히 살아야 맞습니다. 하지만 이것저것 아무것도 안 하고 빈둥빈둥 노는 사람도 더러 많습니다. 놈팡이지요. 우리 스님들끼리도 놈팡이는 싫어합니다. 신도님들이 봐도 저 사람이 놈팡이인지, 열심히 사는 사람인지 딱 보면 알 수 있습니다. 아무튼 이처럼 길이 많다는 것을 말씀드립니다.

출가할 때 고려 사항 중에서 참고로 말씀드리면 은사를 잘 택할 필요가 있습니다.

제가 살아보니 좋은 은사 스님은 첫째로, 하고 싶은 것을 하도록 해주는 은사 스님이 좋은 것 같습니다. 즉 자유의지를 존중해 주는 은사가 좋다는 것입니다. 은사가 너무 간섭하면 살기가 힘듭니다.

둘째는 은사의 능력이 좀 있어서 걸망을 내려놓을 수 있는 그런 공간을 가진 은사 스님이면 더 좋습니다.

셋째로 은사 스님의 생활이 좀 안정되어 있는 경우면 더 좋습니다.

참고로 요즘 본사(本寺)를 더러 얘기하기도 하는데, 제가 살아보니 본사는 그렇게 중요한 것은 아닌 것 같습니다. 본인이 얼마나 열심히 사느냐에 따라서 다른 것일 뿐입니다. 그 본사가 그 스님을 키워준다거나 그런 것은 아닌 것 같습니다.

은사 얘기가 나왔으니 제가 덧붙여서 한 말씀 드리면 가끔 우리 신도들이 말합니다. "스님, 어느 스님이 자신의 은사 스님을 자꾸 욕을 하고 비방하던데, 그래도 됩니까?" 이렇게 말합니다. 안 되기 때문에 신도님들이 그렇게 질문을 하는 거겠지요?

은사라 하면 출가할 때 가사 장삼을 입혀주고 법명 지어주고, 또 굶지 말라고 발우도 주신 분입니다. 게다가 공부도 시켜줍니다. 그것만 하더라도 백골난망(白骨難忘)의 은혜를 지고 있는 겁니다. 그런데 자기수에 좀 맞지 않고 자기 마음에 좀 맞지 않다 해서, 다니면서 그렇게 은혜를 진 은사 스님을 비방하거나 음해하거나 하면 그것은 세속의 그 어떤 사람들보다도 더 나쁜 사람이 되는 것입니다. 세속의 사람도 그리하면 안 되는 것인데 도(道), 즉 진리를 배우는 사람이 은사를 찬탄하지는 못할지언정, 은사를 비방하거나 음해한다면 인격적으로 큰

하자가 있다고 봐야 합니다.

그러므로 만약 은사를 비방하고 음해하는 스님이 있다면 그 스님과는 아예 상대를 하지 않는 것이 상책입니다. 아니면 따끔하게 야단쳐야 합니다. 신도도 때로는 스님을 야단칠 수도 있습니다. 사람이 아닌 짓을 했을 때는 사람을 만들어야 합니다. 아주 호되게 "스님은 은사 스님의 백 분의 일이나 되느냐?" 하고 호통쳐야 합니다. 야단을 쳐서라도 다시는 구업을 짓지 않도록 하는 것이 우리 신도들이 해야 할 일이 아닌가 생각합니다.

그리고 여러분들은 출가는 대단히 좋은 길이라고 생각하셔야 합니다. 출가는 할 만한 길입니다. 인천(人天), 즉 하늘과 사람의 스승이 되려면 출가해야 합니다. 출가는 인천의 스승이 되는 길이다, 이렇게 생각하셔야 합니다. 또 옛날부터 말하기로 '출가는 구족(九族)이 생천(生天) 하는 길' 이라고 했습니다. 출가한 그 한 사람으로 인해 세속의 구족이 다 천상락(天上樂)을 얻을 수 있는 그런 좋은 기회가 바로 한 사람 출가입니다. 따라서 출가는 모든 친척들, 친지 공동체를 다 좋게 하는 아주 특별한 길이라고 생각하셔야 합니다.

가끔 "우리 아이가 출가하려고 하는데, 걔는 암만해도 훌륭한 그릇은 못 될 것 같습니다. 그래서 제가 말리고 있습니다." 그러는 사람도 있습니다. 그것은 부모의 판단일 뿐, 출가해서 훨씬 더 적응을 잘 하고, 훨씬 더 잘 되는 수가 많습니다. 그러니 그것은 아이의 운명에 그저 맡겨야 합니다.

출가하려고 하는 자제분이 있거나 출가하려는 사람이 옆에 있다면, 아까 제가 말씀드렸던 대로 능력이 있고 안정되어 있는 그런 스님과 은사로 인연 지어준다면 그것도 큰 복이 될 것입니다. 또 주위에 출가자가 많이 나올 수 있도록 신도님들은 불교에 대해서 신행 활동을 좀 제대로 하셔야 합니다. 불자들이 제대로 신행 활동을 해야, '저 사람을 보니 정말 내가 절에 출가하고 싶다' 하는 그런 마음이 일어나는 것입니다.

그러니까 본인들이 철저한 신행 활동을 하면서 혹시 주위에 출가하기를 원하는 사람이 있다면 인연 되는 스님과 연결해서 출가할 수 있도록 안내해 주시면 좋겠습니다.

늘 건강하시고, 내일 다시 뵙겠습니다.
관세음보살

無一우학
說法大典

# 15
# 사경의 공덕

2020. 03. 15. 세계명상센터 보은전

관세음보살. 유튜브불교대학 시청자 여러분, 반갑습니다. 오늘은 '사경의 공덕'에 대한 말씀을 좀 드리겠습니다.

사경(寫經)이란 경전(經典)을 한 자 한 자 정성껏 쓰는 것 말합니다. 옛날부터 경전은 '법신사리(法身舍利)'라 하여 사리의 범주에 넣었습니다. 보통 우리가 말하는 부처님의 사리는 연골사리, 즉 진신사리(眞身舍利)이고, 경전 자체가 전부 부처님 말씀으로 되어 있으므로 사리(舍利)라 합니다. 그러므로 사경을 한다는 것은 곧 사리를 옮겨 쓰는 것이므로 매우 큰 공덕이 되는 것임에 틀림없습니다.

옛날부터 '오종법사(五種法師)'라 해서 다섯 종류의 법사를 얘기했는데, 그 중 하나가 이 서사(書寫), 사경법사(寫經法師)입니다.

대승 경전에서 나타나는 오종 법사를 간단히 말씀드리자면, 첫째, 수지법사(受持法師)입니다. 경전을 받아 지니면 법사가 됩니다.

둘째, 독법사(讀法師)입니다. 경전을 읽으면 법사가

됩니다.

셋째, 송법사(誦法師)입니다. 경전을 외우면 법사가 됩니다.

넷째, 해설법사(解說法師)입니다. 경전을 해설하면 법사가 됩니다.

다섯째, 사경법사(寫經法師)입니다. 경전을 사경하면 법사가 됩니다.

옛날에는 서사라는 말을 썼습니다. 서사(書寫), 베끼듯이 썼다는 것인데 그걸 요즘 표현으로 사경이라 합니다. 사경하면 그것도 훌륭한 법사입니다. 이렇게 다섯 종류를 오종 법사라 하였고, 오종 법사의 공덕은 매우 크다고 하였습니다.

옛날에는 사경을 할 때 야자수의 일종인 종려나무껍질에 경을 썼는데, 이를 패엽경(貝葉經)이라 합니다. 즉 패엽경을 많이 쓰고 유통했습니다. 그 이후로 감지나 한지와 같은 염색 종이 또는 염색되지 않은 종이에 사경을 했습니다.

사경의 종류는 종이에 쓰는 그 재료에 따라 다르게

표현하기도 합니다. 먹으로 쓰면 묵서가 되는 것이고, 금으로 쓰면 금니사경이 되는 것이며, 은으로 쓰면 은니사경이 됩니다. 또 어떤 스님들은 자기 피를 뽑아서 쓰는 수도 있는데 그런 경우에는 혈(血) 사경이라고 봅니다.

저 또한 무문관 3년 완전 폐문 생활을 할 때, 하루에 한 시간 정도는 꼭 사경을 했었습니다. 처음에는 작은 종이에다가 한 자 한 자 사경을 하다가 후일에는 큰 종이에다가 쓰기 시작했습니다. 그중에는 12장으로 이루어진 금강경 12폭 병풍도 여러 점 완성하였습니다. 이렇듯 참선하고 기도 명상하는 스님들도 사경하는 것을 아주 좋아합니다.

사경은 그냥 베껴 쓰는 행위가 아니라 부처님 가르침을 되새기면서 또 다른 삼매에 드는 수행으로써 법신 사리를 직접 친견하는 하나의 특별한 수행이 아닌가 하는 생각을 합니다.

이러한 사경 수행의 공덕에 대해서는 많은 경전에서 이야기하고 있는데, 제가 쓴 책에도 잘 정리되어 있습니다.

제가 좀 읽어 드리겠습니다.

첫째, 도행반야경(道行般若經)에 나오는 말씀으로 "사경의 공덕이 탑을 조성하는 것보다 수승하다."라고 했습니다.

둘째, 법화경(法華經)에서는 "만약 어떤 사람이 경전을 사경 수지 해설하면, 대원(大願)을 성취한다."라고 되어 있습니다.

셋째, 금강경(金剛經)의 지경공덕분(持經功德分)에서는 "무수한 세월 동안 물질로 보시한 공덕보다 경전을 사경, 수지, 독송하여 다른 이를 위해서 해설한 공덕이 수승하다."라고 말씀하셨습니다.

이러한 공덕들을 제 나름대로 다시 정리하기로 일곱 가지로 요약을 했습니다.

無一의 사경 공덕

첫째, 삼매에 들기 쉽다.

둘째, 수마(睡魔), 즉 잠을 쫓을 수 있다.

셋째, 경전 말씀을 깊이 음미할 수 있다.

넷째, 사경한 경전을 다른 이에게 선물할 수 있다.

다섯째, 마음공부 한 흔적을 남길 수 있다.

여섯째, 부처님의 법신 사리를 직접 자기것화 함으로써 큰 가피를 입는다.

일곱째, 밝은 지혜를 얻을 수 있다.

이렇듯 사경 수행의 공덕은 아주 큽니다. 그렇다면 우리는 어떤 절차에 따라 사경을 해야 할까요?

먼저 목욕재계한다거나 세수, 양치질, 손이라도 깨끗하게 씻고, 옷차림을 단정히 준비해야 합니다. 그리고 좌복을 깔고 경상을 펼쳐서 사경할 모본(母本)과 사경할 용지 또는 노트, 종이를 옆에 잘 갖다 두셔야 합니다.

그렇게 준비를 마친 후에는 잠시 입정(入定) 하시면 됩니다. 잠시 입정하는 시간을 통해 마음을 가다듬어 차분히 한 후, 그날 자기가 사경할 경전을 한 번 읽는 것이 좋습니다. 예를 들어 내가 다라니를 사경하고 싶다면 신묘장구대다라니를 먼저 한 번 독송하라는 것입니다. 반야심경을 사경하고 싶다면 반야심경을 먼저 한 번 독송하고, 법성게를 한다면 법성게를 먼저 한 번 독송하는 것이 좋습니다. 전체 제32분까지 되어 있는 금강경 내용 중에서 제5분까지 혹은 제10분까지 사경을 해야겠다고 하면, 거기까지 독송을 먼저 하고 사경에 들어가라는 것입니다.

물론 예불하실 분들은 예불을 하시고 난 뒤에 사경하시면 됩니다. 예불을 생략할 때의 경우에 이렇게 하시라는 겁니다.

자기가 사경할 경전을 한 번 독송한 후 사경을 하시면 되는데, 사경 시작 전에 사경 발원문을 한 번 독송하는 것도 좋습니다. '부처님 제가 이러이러한 연유로 사경을 하게 되었습니다' 하고 사경을 하게 된 동기, 인연 등을 부처님 전에 글로써 써 보라는 것입니다. 발원하는 것이지요.

그 후 붓이나 볼펜을 잡고 하시되, 한 자 한 자 정성껏 해야 합니다. 붓으로 쓰면 그 이상 큰 정성이 없을 정도로 대단한 정성이 들어가는 것이 사실입니다. 하지만 비록 자기가 연필로 사경을 한다고 할지라도 한 자 한 자 정성껏 하시면 됩니다. 어떤 종류의 필기구를 사용하시든 정성껏 하시면 됩니다.

사실 '1자1배(一字一拜)' 가 원칙입니다. 한 자 쓰고 한 번 절하고, 한 자 쓰고 한 번 절하고, 이렇게 하는 것이 바로 1자 1배입니다. 하지만 그것이 좀 번거로울 때는 자기가 마음으로 약속을 해야 합니다. 예를 들어 '나는 21자, 또는 108자를 쓰고 절을 하겠다', '108배 또는 21번 절을 하고 경전을 쓰겠다' 이렇게 스스로 정해서 정한 그 숫자만큼 모아서 절하면 됩니다.

만일 다리도 불편하고 도저히 여건상 절을 해 가면서는 못 하시겠다는 경우에는 그냥 조용히 앉아서 사경을 하시되, 글자 한 자 쓴 뒤 앉아서 반배를 하시면 됩니다. 한 자 쓰고 합장해서 정성을 다해 반 배하십시오. 다시 두 번째 글자도 또 그렇게 하고, 세 번째 글자도 합장하고 반 배하고, 이렇게 계속하시면 됩니다.

아무튼 아주 경건한 마음으로 한 자 한 자에 심혈을 기울이셔야 합니다. 온 마음으로 정성껏 하셔야 합니다. 그렇게 하여 사경이 거의 끝나면 사경한 날짜, 사경한 사람을 잘 적으면 됩니다. 그리고 기도 축원문을 쓰는 것도 좋습니다. '이 사경은 우리 가족 누구를 위해서 사경합니다. 우리 가족 ○○○가 이 인연으로 하고자 하는 일이 좀 잘 됐으면 좋겠습니다'와 같은 기도 축원문을 작성하는 것도 좋은 일입니다.

이로써 사경을 다 끝마치고 난 뒤에는 다시 한번 더 자기가 한 경전을 읽는 것이 좋습니다. 만일 반야심경을 사경했다면 마지막에 반야심경을 한 번 읽으라는 겁니다. 금강경을 제5분까지 사경했다면 금강경을 제5분까지 독송하고 끝마치시라는 겁니다.

혹시 시간 여유가 더 있다면 맨 마지막에 사경 회향문을 또 읽으시면 좋습니다. 사경 회향문은 특별한 견본이 있는 것은 아닙니다. 본인 스스로 만드시면 되는데, 제가 적어놓은 사경 회향문을 한번 읽어 드릴 테니 참고하시기 바랍니다.

사경 회향문

사경 공덕 수승하여 복과 지혜 자라나고, 몸과 마음 굳게 가져 깨달음을 성취케 하소서. 저와 함께 모든 이웃

이 보살행을 함께 닦아, 이 세상 이대로 불국토 이루기를 원하옵니다.

사경을 다 했다면 사경 노트 혹은 사경지는 어떻게 할까요?

첫 번째 방법으로는 본인이 책을 서재에 보관하듯이 깨끗하게 보관하시면 됩니다.

두 번째는 이웃에게 "내가 경전을 한 권 썼는데 이걸 가지고 공부 좀 해라." 하고 이웃에게 경전으로 선물을 하는 방법도 있습니다. 스님들의 경우 붓글씨로 사경한 것을 선물로 드리면 선물 받으신 분들이 병풍이나 액자로 해서 집에 적당한 데 장식용으로 걸어 둘 수도 있을 것입니다.

세 번째는 부처님 봉안할 때 부처님 봉안 복장으로 또는 탑 속에 넣는 방법이 있습니다. 한국불교대학 大관음사에서는 사경하신 것을 부처님 모실 때 넣어 드리거나, 감포도량에 있는 11층 공덕대탑에 넣어 드립니다. 또 약의왕여래불 복장(腹藏) 속에 넣어 드리기도 합니다. 아무튼 부처님 경전을 사경한 것을 탑 속에 넣거나

*사경 공덕 수승하여 복과 지혜 자라나고*
*몸과 마음 굳게 가져 깨달음을 성취케 하소서*

부처님 복장 속에 넣는다면 그 또한 큰 영광이 되겠습니다.

네 번째는 소각하는 방법도 있겠습니다. 소각을 집에서 하기 번거로우면 산중절인 이곳 감포도량으로 보내시면 여기서 아주 날씨 좋을 때 깨끗하게 소각을 해 드립니다.

그러면 주로 어떤 경전을 사경하면 좋을지 궁금증을 가지실 수도 있겠습니다. 모든 경전은 그냥 다 사경하시면 됩니다. 아까 말씀드렸듯이 반야심경, 신묘장구대다라니, 천수경, 법성게, 화엄경약찬게 등등 다 할 수 있습니다.

그중에서도 저는 좀 긴 경으로 하시기를 권유해드립니다. 오래 두고 하실 때는 장경(長經), 긴 경으로 하시되 3대 대승 경전, 즉 금강경, 법화경, 화엄경을 사경하시면 더욱더 큰 공덕이 되겠습니다. 시간을 오래 두시고 멀리 보고 가셔야 합니다. 그래서 금강경도 사경하시고, 법화경도 사경하시고, 화엄경도 사경하신다면, 그보다 더 좋은 수행이 없겠습니다. 사경을 하는 것은 참선과

진배없는 그런 엄청난 수행이 됩니다. 분명 큰 공덕이 있습니다.

멀리 보시고 10년, 20년 동안 하루에 30분이면 30분 동안, 하루에 1시간이면 1시간 동안 나는 꼭 사경하는 시간을 갖겠다는 마음으로 꾸준하게 계속해 나가신다면, 분명 큰 소득이 있을 것이며 큰 공덕이 될 것입니다.

이러한 사경 기도를 할 때 살아있는 사람을 위해서 사경하신다면 살아있는 사람에 대한 축원장을 잘 쓰시면 되고요. 돌아가신 분, 영가를 위해서 사경하신다면 그 영가의 이름이나 본(本), 이런 것을 잘 쓰셔서 그 영가가 극락세계에 나실 수 있도록 발원문을 작성하시면 되겠습니다.

사경 수행은 남이 보기에도 아주 좋습니다. '아, 정말 대단한 공부를 하네' 하는 그런 이미지를 줄 수 있습니다. 그리고 본인도 마음의 번뇌가 금방 없어지고 성격이 아주 차분해집니다. 따라서 이 사경 수행은 큰 수행입니다. 참선만큼 그리고 보통 관음정근을 하는 만큼의 또 다른 큰 수행입니다. 이 수행의 공덕을 믿으시고 꼭 한번

해 보시기를 바랍니다.

저는 내일 다시 뵙겠습니다.
관세음보살

佛(불)
無一 우학 스님 作

**無一우학 설법대전(1)**

초판발행 2022년 1월 20일(불기 2566년)

저자 無一 우학 큰스님
녹취 이원정(세지)

펴낸곳
도서출판 좋은인연(한국불교대학 부속)
편집 / 김현미
등록 / 제4-88호
주소 / 대구시 남구 중앙대로 126
전화 / 053.475.3707, 6

가격 10,000원
ISBN 978-89-93040-99-9 (04220)

▪ 잘못된 도서는 구입하신 곳 또는 도서를 증정받은 곳에서 교환해 드립니다.
▪ 법보시 받습니다. 보시하신 책은 군법당, 교도소 등에 무료 배포됩니다.

**대한불교조계종 한국불교대학 大관음사**
홈페이지 / **한국불교대학**
다음카페 / **불교인드라망**
유튜브 / **유튜브불교대학, 비유디**